SWU-GEN- 007

THE UNIFORMS OF FRENCH ARMIES 1690-1894 VOL. 3 THE INFANTRY

BY C. LIENHART & R. HUMBERT

SOLDIERSHOP SERIES

Title: **THE UNIFORMS OF FRENCH ARMIES 1690-1894 VOL. 3** - **The infantry** from the work of C.Leinhart and R.Hmbert. Edit by Luca S. Cristini. First edition by Soldiershop. November 2019
Cover & Art Design: Luca S. Cristini. ISBN code: 978-88-93275255
Published by Luca Cristini Editore, via Orio 35/4- 24050 Zanica (BG) ITALY. www.soldiershop.com

THE UNIFORMS
OF FRENCH ARMIES
1690-1894
Vol. 3

THE INFANTRY
IN THE APPENDIX PLATES OF V.ADAM

Lienhart & Humbert

Les
Uniformes
de
l'Armée
Française

RECUEIL D'ORDONNANCES
de 1690 à 1894

PAR

LE DOCTEUR LIENHART
Professeur aux Facultés Catholiques de Lille

ET

RENÉ HUMBERT
Membre de la Société d'Historiographie Militaire.

—————➤✦◄—————

LEIPZIG

LIBRAIRIE M. RUHL

UNIFORMS OF THE FRENCH ARMY FROM 1690 TO 1894

The plates presented in our volumes are a copy of the famous engravings made in 5 books by Dr. Costance Lienhart, professor at the University of Lille, and René Humbert, famous member of the Society of Military History, and published by M. Ruhl in Leipzig between 1897 and 1906 in a limited edition of 600 copies. Today many of these copies belong to collectors from all over the world, and it is precisely from one of these that our edition is derived, supplied to us by our friend Luigi Casali, historian and prestigious collector of original volumes of history and uniformology. The images were then cleaned and adapted to modern printing.

This is the first edition to be published in English and Italian. The original chromolithographic plates are almost 400, the layout of the work is divided by type.

The first volume has over eighty plates, is divided into two parts and is dedicated in the first part to the General Staff (general, field helpers, guides...).

The second part presents the uniformological tables of the maison du Roi, the Royal Guard and the Imperial Guard. This volume deals entirely with the cavalry corps composed of eighty colour plates.

The third volume is dedicated to the infantry corps, based on 62 original plates to which we have added images in the appendix.

The fourth volume, the largest with 87 plates, deals with the Artillery and Genius corps and all the other subsidiary corps of the army.

The fifth and last volume presents 84 plates mainly dedicated to the National Guard and the Guards of Honour up to page 15, then begins an interesting chapter dedicated to the allied troops of the French, especially those of the Napoleonic period (Confederation of the Rhine, Italian troops, Dutch, Neapolitan, Spanish, Polish, Prussian, Austrian and Danish).

INDEX OF THE 3RD VOLUME: THE INFANTRY

Uniforms of the French Army (1690-1894) Volume III
- 3.1 Infantry
- 3.2 Chasseurs on foot and light infantry
- 3.3 African troops

APPENDIX TO 3RD VOLUME

French army in 1832 from some paints of Victor Adam.

Jean Victor Adam (1801–1867) was a famous French battle painter and lithographer. He was born in Paris in 1801, the son of Jean Adam, an engraver. He studied at the École des Beaux-Arts in 1814–18, and also in the ateliers of Meynier and Régnault. He was almost immediately afterwards employed to paint various subjects for the Museum at Versailles, including The Entry of the French into Mainz, The Battle of Varroux, The Taking of Menin, The Battle of Castiglione, The Passage of the Cluse, The Battle of Montebello and The Capitulation of Meiningen the last three in collaboration with Jean Alaux. He died at Viroflay in 1867.

UNIFORMI DELL'ESERCITO FRANCESE DAL 1690 AL 1894

Le tavole presentate nei nostri volumi sono la copia delle famose incisioni realizzate in 5 tomi del Dott. Costance Lienhart, professore all'università di Lille, e René Humbert, famoso membro della società di storia militare, e pubblicate dall'editore M.Ruhl a Lipsia tra il 1897 e il 1906 in tiratura limitata a 600 copie. Oggi molte di queste copie appartengono a collezionisti di tutto il mondo, ed è appunto da una di queste copie che deriva la nostra, fornitaci dall'amico Luigi Casali, storico e prestigioso collezionista di volumi originali di storia e uniformologia. Le immagini sono state poi pulite e adattate alla stampa moderna.

Questa è la prima edizione tirata in inglese e italiano. Le tavole cromolitografiche originali sono quasi 400, l'impianto dell'opera è diviso per tipologia.

Il primo volume conta oltre ottanta tavole, è diviso in due parti ed è dedicato nella prima parte agli Stati maggiori (generali, aiutanti di campo, guide...).

Nella seconda parte sono presentate le tavole uniformologiche della *maison du Roi*, della Guardia reale e di quella imperiale. Questo volume si occupa interamente dei corpi di cavalleria composto da ottanta tavole a colori.

Il terzo volume è dedicato ai corpi di fanteria, basato su 62 tavole originali cui abbiamo aggiunto delle immagini in appendice.

Il quarto volume, il più corposo, con ben 87 tavole si occupa dei corpi di Artiglieria e del Genio e di tutti gli altri corpi sussidiari dell'esercito.

Il quinto e ultimo volume presenta 84 tavole dedicate principalmente alla Guardia nazionale ed alle guardie d'onore fino alla pagina 15, poi inizia un interessante capitolo dedicato alle truppe alleate dei francesi, specialmente quelle del periodo napoleonico (Confederazione del Reno, truppe italiane, olandesi, napoletane, spagnole, polacche, prussiane, austriache e danesi).

INDICE DEL 3° VOLUME: LA FANTERIA

Uniformi dell'esercito francese (1690-1894) Volume III

APPENDICE AL 3° VOLUME

L'armata francese nel 1832 nell'opera pittorica di Victor Adam.

Jean-Victor Vincent Adam (Parigi, 28 gennaio 1801 – Viroflay, 30 dicembre 1867) è stato un famoso pittore e litografo francese, famoso per aver realizzato la galleria storica di Versailles. Specialista in soggetti militari e di battaglie. Fu allievo di Charles Meynier e successivamente del barone Jean-Baptiste Regnault. Dal 1824, iniziò al lavorare con la tecnica della litografia, realizzando nella sua carriera oltre quattromila pezzi su temi storici, scene di costume, di caccia e di cavalli. Morì a Viroflay nel 1867.

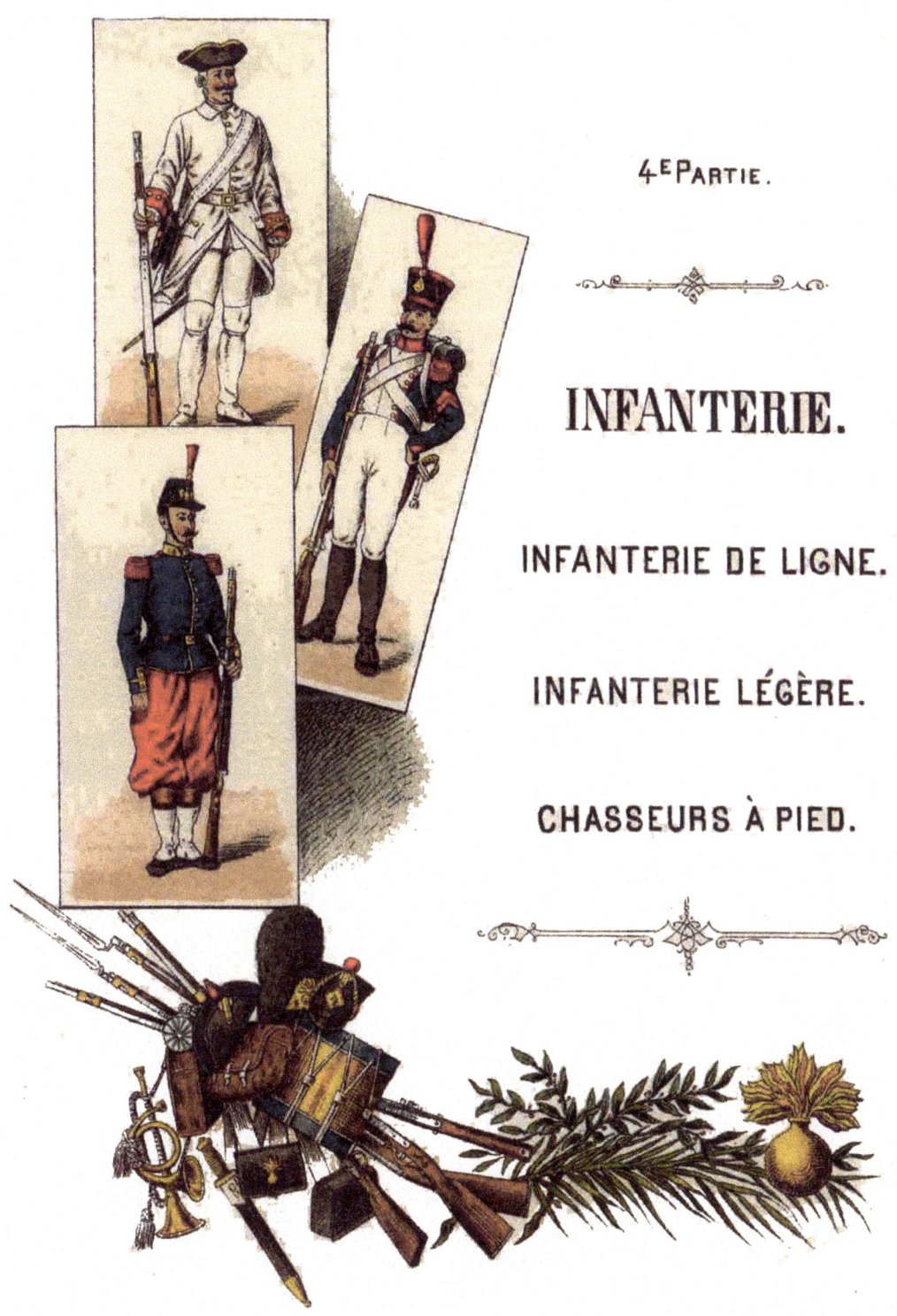

4ᴱ Partie.

INFANTERIE.

INFANTERIE DE LIGNE.

INFANTERIE LÉGÈRE.

CHASSEURS À PIED.

INFANTERIE.

JUSQU'EN 1720. [1]

Picardie.

Champagne.

Navarre.

Piémont.
Officiers et bas-officiers.

Soldats.

Normandie.
Officiers et bas-officiers.

Normandie.
Soldats.

La Marine.

Auvergne.

Leuville.

Bourbonnais.

Tallard.

Boufflers.

Le Roi.
Officiers.

Le Roi.
Soldats.

Royal.

Poitou.

Lyonnais.

Dauphin.

La Gervasais.

Touraine.

Anjou.

Maine.

Saillans.

Meuse.

La Chesnelaye.

La Reine.

Limosin.

Royal Vaisseaux.

Orléans.

La Couronne.

[1] Tous les habits étaient blancs ou gris blancs.

8

INFANTERIE.

JUSQU'EN 1720.

Bretagne. Perche. Louvignies. Barrois. La Sarre. La Fère.

Alsace. Royal Roussillon. Condé. Bourbon. Beauvoisis. Rouergue.

Bourgogne. Royal Marine. Vermandois. Sparre. Royal Italien.

Villars. Villars. (Bas-officiers.) Brendlé. Castellas. Hessy.

Languedoc. Sourches. Médoc. Gensac. Bacqueville.

Royal-Comtois. Lyonne. Soldats. Provence. Bas-officiers.

INFANTERIE.

JUSQU'EN 1720.

| Gréder. | Hémel. | Laval. | Isenghien. | Nice. | La Marck. |

| Toulouse. | Guyenne. | Lorraine. | Flandres. | Berry. | Béarn. |

| Hainout. | Boulonnais. | Angoumois. | Périgord. | Saintonge. | Bigorre. |

| Forez. | Cambrésis. | Tournaisis. | Foix. | Bresse. | La Marche. |

| Quercy. | Nivernais. | Brie. | Soissonais. | Isle de France. | Vexin. |

Pl. 5.

INFANTERIE.

JUSQU'EN 1720.

Aunis.	Beauce.	Dauphiné.	Vivarais	Luxembourg.	Bassigny.
Beaujollois.	Ponthieu.	Beaufort.	Sanzay.	May.	Courten.
Lee.	O'Brien.	Dillon.	Lenck.	Brichambault.	Chartres.
Blaisois.	Gâtinois.	Conti.	Auxerrois.	Agénois.	Santerre.
Landes.	Dorrington.	Berwick.	Comte Charolois.	Royal Bavière.	

INFANTERIE.

1700 à 1720.

Pl. 6.

Espontons.

Albaret. Baudeville. Chabrillant. Mortemart.

Esponton. Fourche à croc. (Dauphin.)

Sac à grenades. Giberne, 1700. Giberne, 1725.

Ceinturon.

Anjou, soldat. 1700.

Dauphin, 1724.

Champagne, officier. 1724. Piémont, officiers.

Lenck, officier. 1720.

INFANTERIE.

VERS 1720.

Pl. 7.

1er Picardie.   2e Navarre.   3e Champagne.   4e Piémont.   5e Normandie.   6e La Marine.

7e Bourbonnais.   8e Richelieu.   9e Auvergne.   10e Tallard.   11e Pons.   12e du Roi.

13e Royal.   14e Poitou.   15e Lyonnais.   16e Dauphin.   17e Gondrin.   18e Touraine.

19e Anjou.   20e du Maine.   21e Noailles.   22e Choiseul.   23e Souvré.   24e la Reine.

25e Limosin.   26e Royal des Vaisseaux.   27e Orléans.   28e la Couronne.   29e Bretagne.   30e Perche.

INFANTERIE.

VERS 1720.

Pl. 8.

31e Artois.	32e Rochechouart.	33e d'Ouroy.	34e la Sarre.	35e la Fère.	36e Alsace.
37e Royal Roussillon.	38e Condé.	39e Bourbon.	40e Beauvaisis.	41e Rouergue.	42e Bourgogne.
43e Royal la Marine.	44e Vermandois.	45e Saxe.	47e Royal Italien.	48e May.	49e Brendlé.
50e Bettens.	51e Burky.	52e Languedoc.	53e Puyguyon.	54e Médoc.	55e Duras.
56e Senneterre.	57e Royal Comtois.	58e Monconseil.	59e Provence.	60e Mortemart.	61e Wittemer.

INFANTERIE.

VERS 1720.

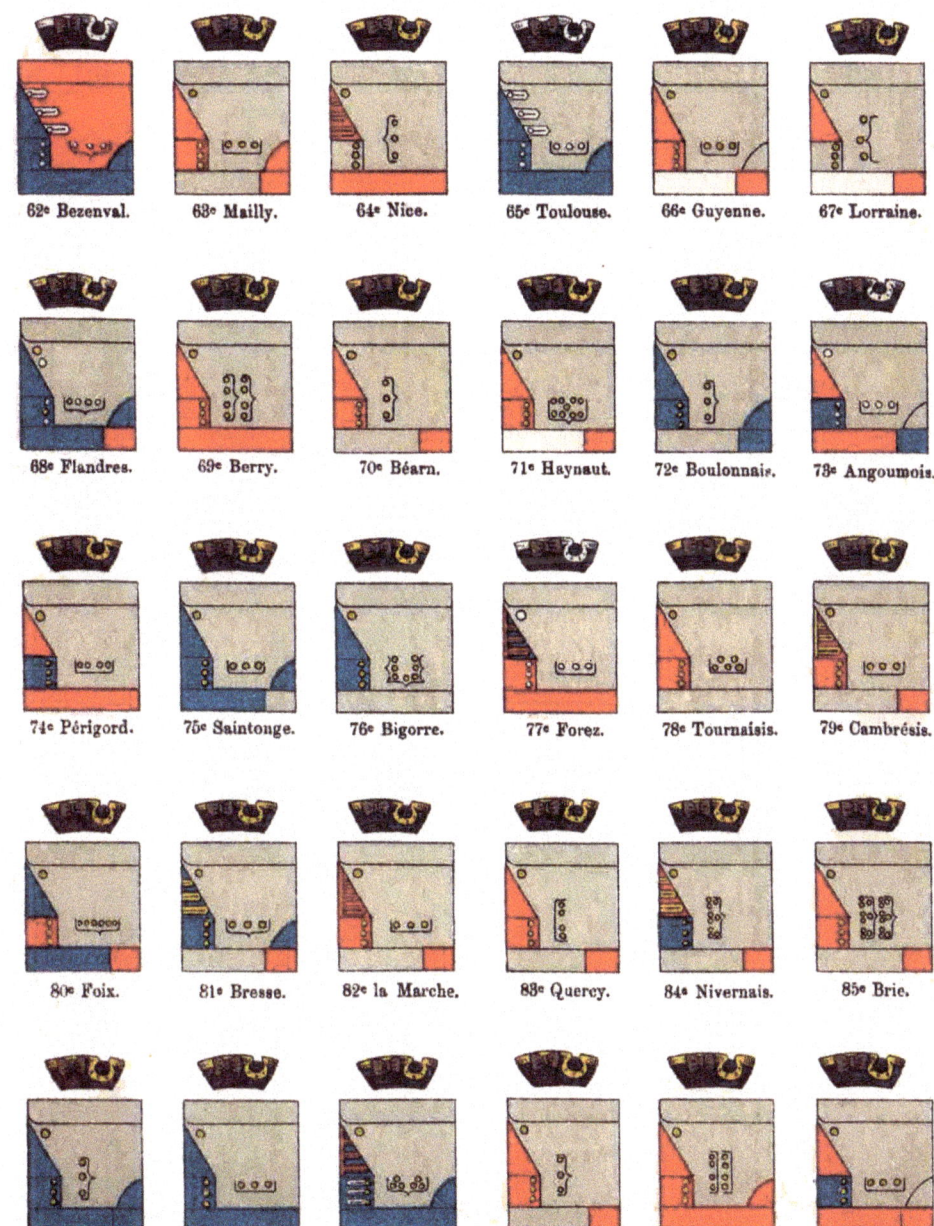

62e Bezenval.	63e Mailly.	64e Nice.	65e Toulouse.	66e Guyenne.	67e Lorraine.
68e Flandres.	69e Berry.	70e Béarn.	71e Haynaut.	72e Boulonnais.	73e Angoumois.
74e Périgord.	75e Saintonge.	76e Bigorre.	77e Forez.	78e Tournaisis.	79e Cambrésis.
80e Foix.	81e Bresse.	82e la Marche.	83e Quercy.	84e Nivernais.	85e Brie.
86e Soissonais.	87e Isle de France.	88e Vexin.	89e Aunis.	90e Beauce.	91e Dauphiné.

INFANTERIE.

VERS 1720.

Pl. 10.

92ᵉ Vivarais. 93ᵉ Luxembourg. 94ᵉ Bassigny. 95ᵉ Beaujollois. 96ᵉ Ponthieu. 97ᵉ La Marck.

98ᵉ La Vallière. 99ᵉ Montmorency. 100ᵉ Diesbach. 101ᵉ Courten. 102ᵉ Appelgrehn. 103ᵉ Bulkeley.

104ᵉ Clare. 105ᵉ Dillon. 106ᵉ Rosnyvinen. 107ᵉ La Ferté Imbault. 108ᵉ Blaisois. 109ᵉ Gâtinois.

110ᵉ Conti. 111ᵉ Auxerrois. 112ᵉ Agénois. 113ᵉ Santerre. 114ᵉ Deslandes. 115ᵉ Rooth.

116ᵉ Berwick. 117ᵉ Enghien. 118ᵉ Royal Bavière. 119ᵉ Travers. Piémont et la Marine. Officiers et bas-officiers. Le Roi. Officiers.

INFANTERIE.

1720.

 Chapeaux bordés d'un galon de la couleur du bouton. Cocarde noir. Jaune pour Lenck,
rouge et blanche pour le Roi et Alsace, bleu et rouge pour Saxe.

 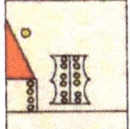 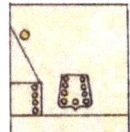 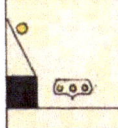 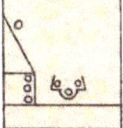 

1er Picardie.   2e Champagne.   3e Navarre.   4e Piémont.   5e Normandie.   6e la Marine.

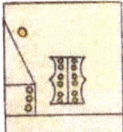 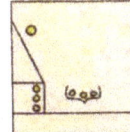 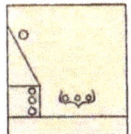 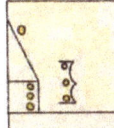  

7e Bourbonnais.   8e Richelieu.   9e Auvergne.   11e Pons.   12e du Roi.   13e Royal.
                   10e Tallard.   17e Gondrin.
                                    35e La Fère

    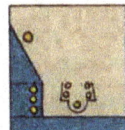 

14e Poitou.   15e Lyonnais.   16e Dauphin.   18e Touraine.   19e Anjou.   20e du Maine.
                                                                              37e Royal Roussillon.

  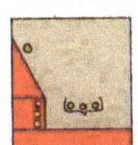   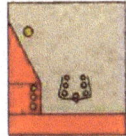

21e Saillans.   22e Meuse.   23e La Chesnelaye.   24e la Reine.   26e Royal des   27e Orléans.
                              25e Limosin.   Vaisseaux.
                              33e d'Ouroy.
                              34e la Sarre.

  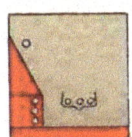 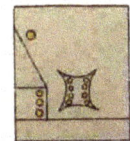 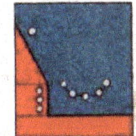 

28e La Couronne.   29e Bretagne.   30e Perche.   31e Artois.   36e Alsace.   38e Condé.
                                    32e Louvigny.

INFANTERIE.

1720.

Pl. 12.

 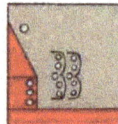    

39e Bourbon.   40e Beauvoisis.   41e Rouergue.   42e Bourgogne.   43e Royal Marine.   44e Vermandois.
55e Gensac.   94e Luxembourg.
62e Laval.   111e Auxerrois.
77e Bigorre.
81e Foix.   90e Aunis.
91e Beauce.   98e Vivarais.
95e Bassigny.   96e Beaujollois.
98e La Vallière.

    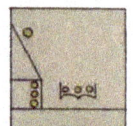 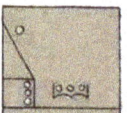

45e Saxe.   47e Royal Italien.   48e Villars-Chandieu.   52e Languedoc.   53e St. Simon.   54e Médoc.
105e Lenck.   49e Brendlé.   63e Mailly.   66e Toulouse.
50e Monnin.   78e Forez.
51e Hessy.
60e d'Affry.
61e Hémel.
100e Diesbach.
101e Courten.

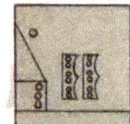  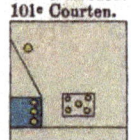 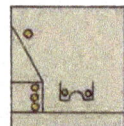  

56e Bacqueville.   57e Royal-Comtois.   58e Monconseil.   59e Provence.   64e Nice.   65e La Marck.

  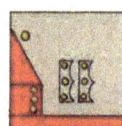 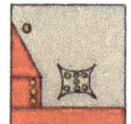 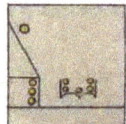

67e Guyenne.   68e Lorraine.   69e Flandre.   70e Berry.   72e Hainaut.   73e Boulonnais.
76e Saintonge.   71e Béarn.
89e Vexin.
99e Montmorency.
106e Rosnyvinen.
107e Chartres.
113e Santerre.
114e des Landes.

 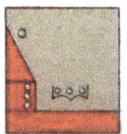  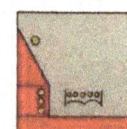 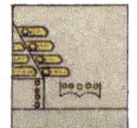 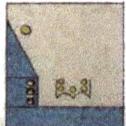

74e Angoumois.   45e Périgord.   79e Cambrésie.   80e Tournaisis.   82e Bresse.   83e la Marche.
92e Dauphiné.
97e Ponthieu.   108e Blaisois.
109e Gâtinois.   110e Conti.
112e Agénois.

Pl. 13.

INFANTERIE.

1720.

84e Quercy.

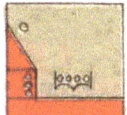
85e Nivernais.

86e Brie.

87e Soissonnais.

88e Isle de France.

102e Lee.

103e Clare.

116e Orington.

104e Dillon.

117e Enghien.

115e Berwick.

118e Royal Bavière.

Rég. du Roi, anspessade. Rég. de Picardie, enseigne 1720. Rég. du Limosin, soldat 1720.

Justaucorps 1690. Derrière.

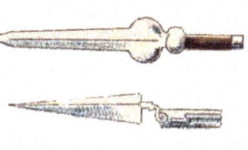

Baïonnettes.
Type primitif à manche.
Baïonnettes à douille.

Justaucorps 1690. Devant. (veste au dessous.

De Lienhart et R. Humbert.

19

INFANTERIE.

1734—1757.

 Les chapeaux portaient un galon de la couleur des boutons. Les régiments de Mortemart et de Flandres avaient un galon d'or et d'argent.

  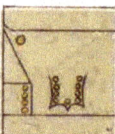 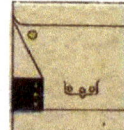 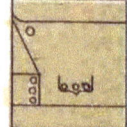 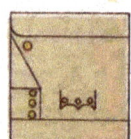

1er Picardie.   2e Champagne.   3e Navarre.   4e Piémont.   5e Normandie.   6e La Marine.

 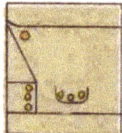 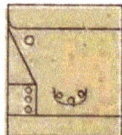 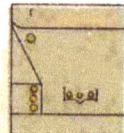 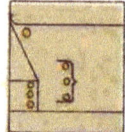 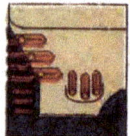

7e Bourbonnais.   8e Rohan.   9e Auvergne.   10e Monaco.   11e Marsan.   12e du Roi.

  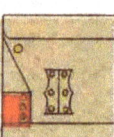  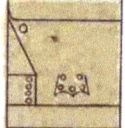 

13e Royal.   14e Poitou.   15e Lyonnais.   16e Dauphin.   17e Gondrin.   18e Touraine.

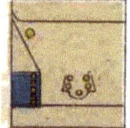 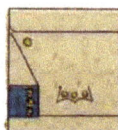 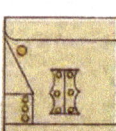  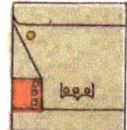 

19e Anjou.   20e Eu.   21e Noailles.   22e Montmorin.   23e Souvré.   24e la Reine.
                                                      33e d'Ouroy.
                                                      67e Guyenne.

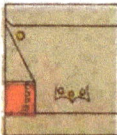  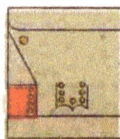 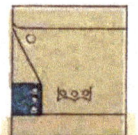 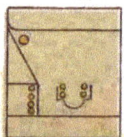 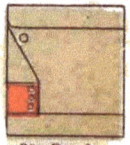

25e Limosin.   26e Royal des   27e Orléans.   28e la Couronne.   29e Bretagne.   30e Perche.
                  Vaisseaux.   43e Royal la Marine.

INFANTERIE.

1734–1757.

Pl. 15.

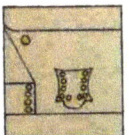 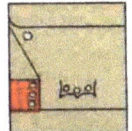 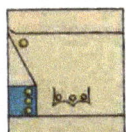 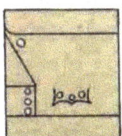 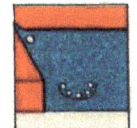 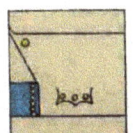

31e Artois.   32e Rochechouart.   34e la Sarre.   35e la Fère.   36e Alsace.   37e Royal Roussillon.

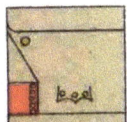 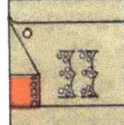 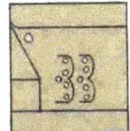 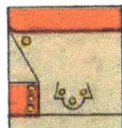 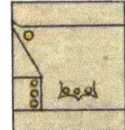 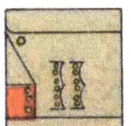

38e Condé.   39e Bourbon.   40e Beauvaisis.   41e Rouergue.   42e Bourgogne.   44e Vermandois.

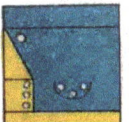 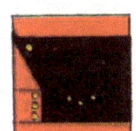 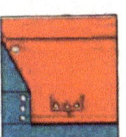 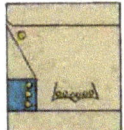 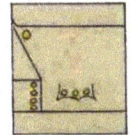 

45e Saxe.   47e Royal Italien.   48e Bettens.   52e Languedoc.   53e Puyguyon.   49e Brendlé.
                                   101e Courten.   50e Monnin.
                                                                                        51e Tschudy.
                                                                                        54e Wittemer.

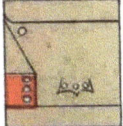 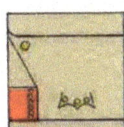 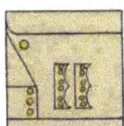 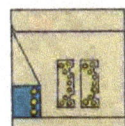 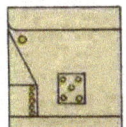 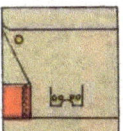

55e Médoc   56e Duras.   57e Chaillou.   58e Royal-Comtois.   59e Monconseil.   60e Provence.

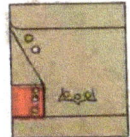 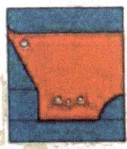 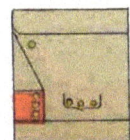 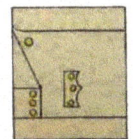 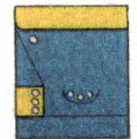 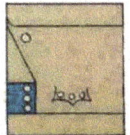

61e Mortemart.   62e la Cour   63e Biron.   64e Nice.   65e La Marck.   66e Toulouse.
                  au Chantre.   134e St. Germain   (Penthièvre.)
                                                             1747.

R. Humbert

INFANTERIE.

1734—1757.

Pl. 16.

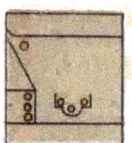
68e Lorraine.

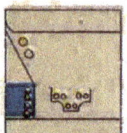
69e Flandres.

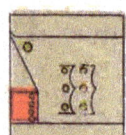
70e Berry.

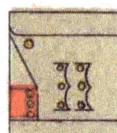
71e Béarn.

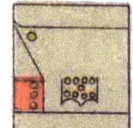
72e Hainaut.

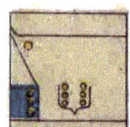
73e Boulonnais.

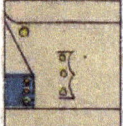
74e Angoumois.

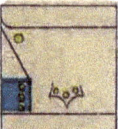
75e Périgord.

76e Saintonge.
77e Bigorre.

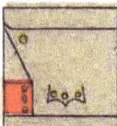
78e Forez.

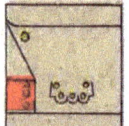
79e Cambrésis.

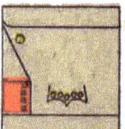
80e Tournaisis.

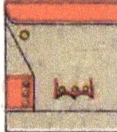
81e Foix.

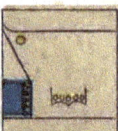
82e Bresse.

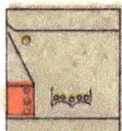
83e la Marche.

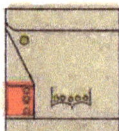
84e Quercy.

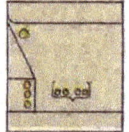
85e Nivernais.

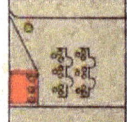
86e Brie.

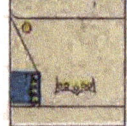
87e Soissonais.

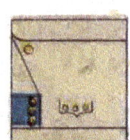
88e Isle de France.

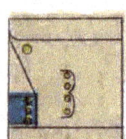
89e Vexin.

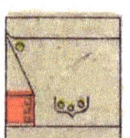
90e Aunis.
96e Beaujollois.
98e La Vallière.
99e Montmorency.

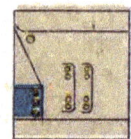
91e Beauce.

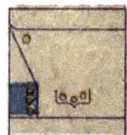
92e Dauphiné.

93e Vivarais.

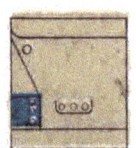
94e Luxembourg.

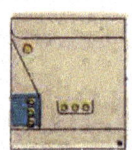
95e Bassigny.

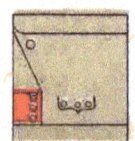
97e Ponthieu.
106e Rosnyvinen.

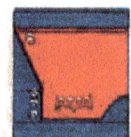
100e Diesbach.

102e Bulkeley.

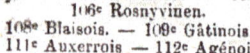
108e Blaisois. — 109e Gâtinois.
111e Auxerrois — 112e Agénois.

INFANTERIE.

1734 – 1757.

Pl. 17.

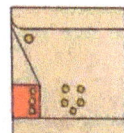
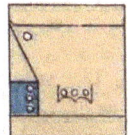
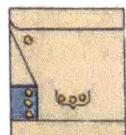

103e Clare.　104e Dillon.　105e Appelgrehn.　107e Chartres.　110e Conti.　113e Santerre.

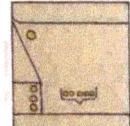
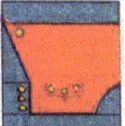
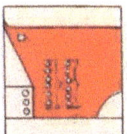
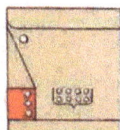

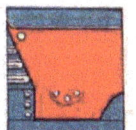

114e Des Landes.　115e Rooth.　116e Berwick.　117e Enghien.　118e Royal-Bavière.　119e Karrer.

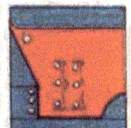

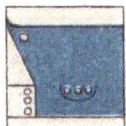
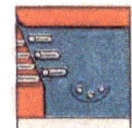
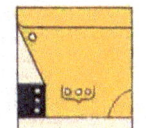

120e Travers.　121e Royal-Corse.　122e Lowendhal.　123e Royal-Ecossais.　124e Royal Lorraine.
1744.　1745.

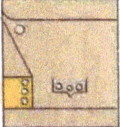
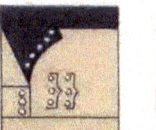
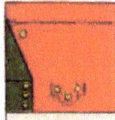
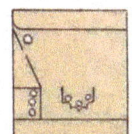

124e Royal-Lorraine.　　125e Bergh.　126e Lally.　127e Royal-Wallon.　129e Royal-Barrois.
1748.　1757.　131e Nassau-Saarbrück.　　128e Boufflers-Wallon.
135e La Dauphiné.　　(Uniforme primitif.)

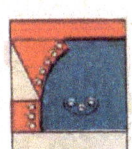
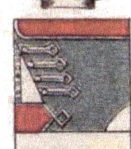
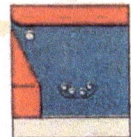
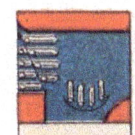
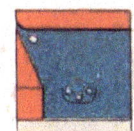

130e Fersen.　132e Royal-Cantabres.　133e Ogilvie.　136e Royal-Pologne.　137e Albany.　Bettens (sergent.)
(voir 48e)

23

INFANTERIE.

1757—1760.

Royal-Wallon.
Uniforme définitif.

Boufflers-Wallon.

Enghien 1745.

Grenadiers de France.

Royal-Italien.
1760.

Gardes Lorraines.
1744.

Fersen.
1757—58.

Bergh.

Habits du Régiment de
Royal-Pologne.

Royal-Wallon.

Beauce.

Havre-sac
à double bretelle.

Havre sac.
1770.

Habit et veste.
de Royal Italien.
(d'après une estampe de l'époque.¹)

Soldats de 1720, d'après des dessins de l'époque.

Royal-Ecossais.

Drapeau du Rég. de Bergh.

Piémont.
(Sergent.)

Drapeau du Rég. Royal-Pologne.

¹) Nous donnons à titre de curiosité cet habit retrouvé sur une estampe du commencement du XVIIIᵉ

INFANTERIE.

1757.

Picardie.   Champagne.   Navarre.   Piémont.   Normandie.   La Marine.

Bourbonnais.   La Tour du Pin.   Auvergne.   Belzunce.   Mailly.   du Roi.

Royal.   Poitou.   Lyonnais.   Dauphin.   Vaubécourt.   Touraine.

Aquitaine.   Eu.   Saint Chamond.   Montmorin.   Briqueville.   La Reine.

Limosin.   Royal des Vaisseaux.   Orléans.   La Couronne.   Bretagne.   Gardes Lorraines.

R. Humbert.

INFANTERIE.

1757.

Pl. 20.

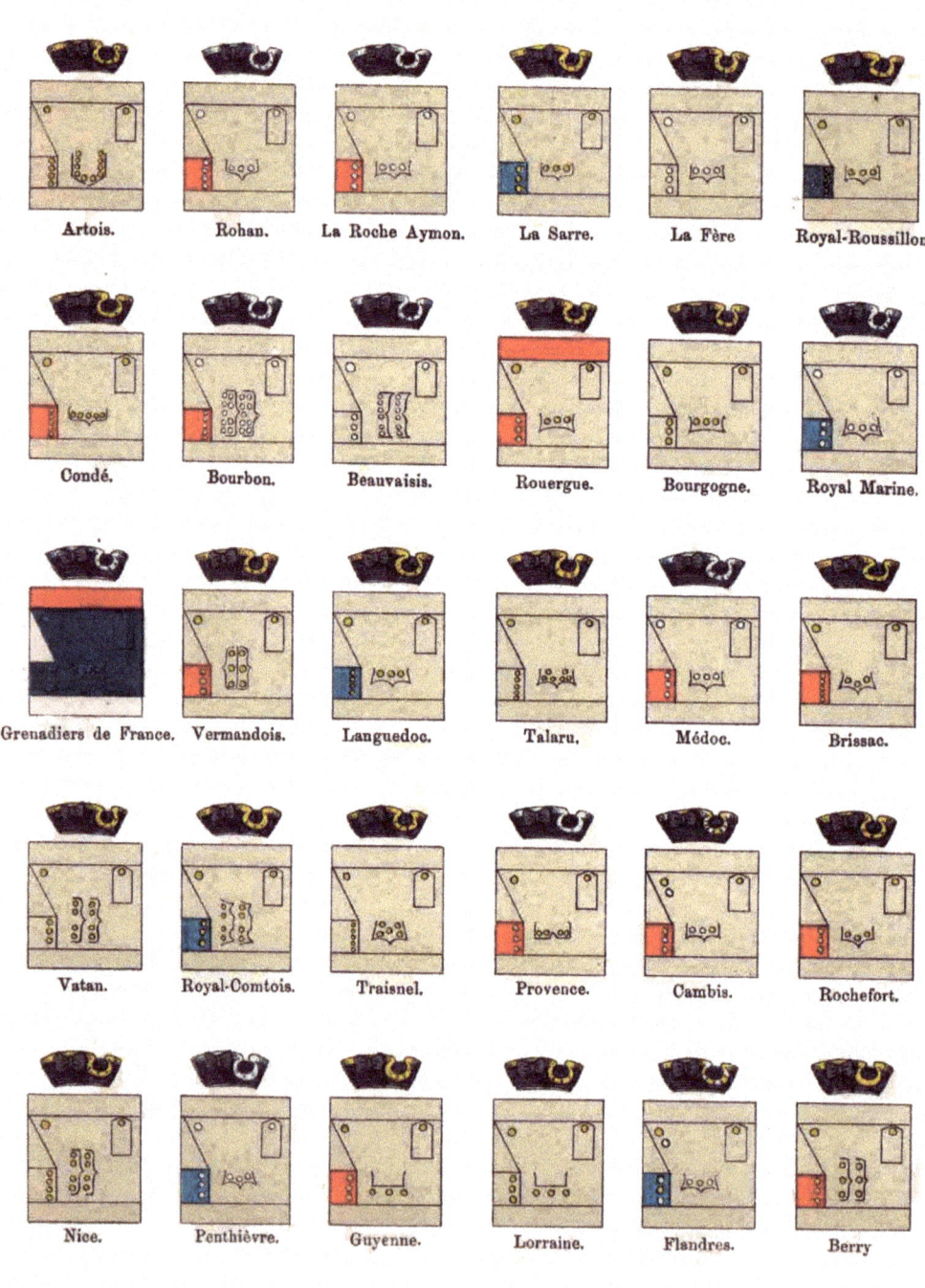

Artois.	Rohan.	La Roche Aymon.	La Sarre.	La Fère	Royal-Roussillon.
Condé.	Bourbon.	Beauvaisis.	Rouergue.	Bourgogne.	Royal Marine.
Grenadiers de France.	Vermandois.	Languedoc.	Talaru.	Médoc.	Brissac.
Vatan.	Royal-Comtois.	Traisnel.	Provence.	Cambis.	Rochefort.
Nice.	Penthièvre.	Guyenne.	Lorraine.	Flandres.	Berry

R. Humbert.

INFANTERIE.

1757.

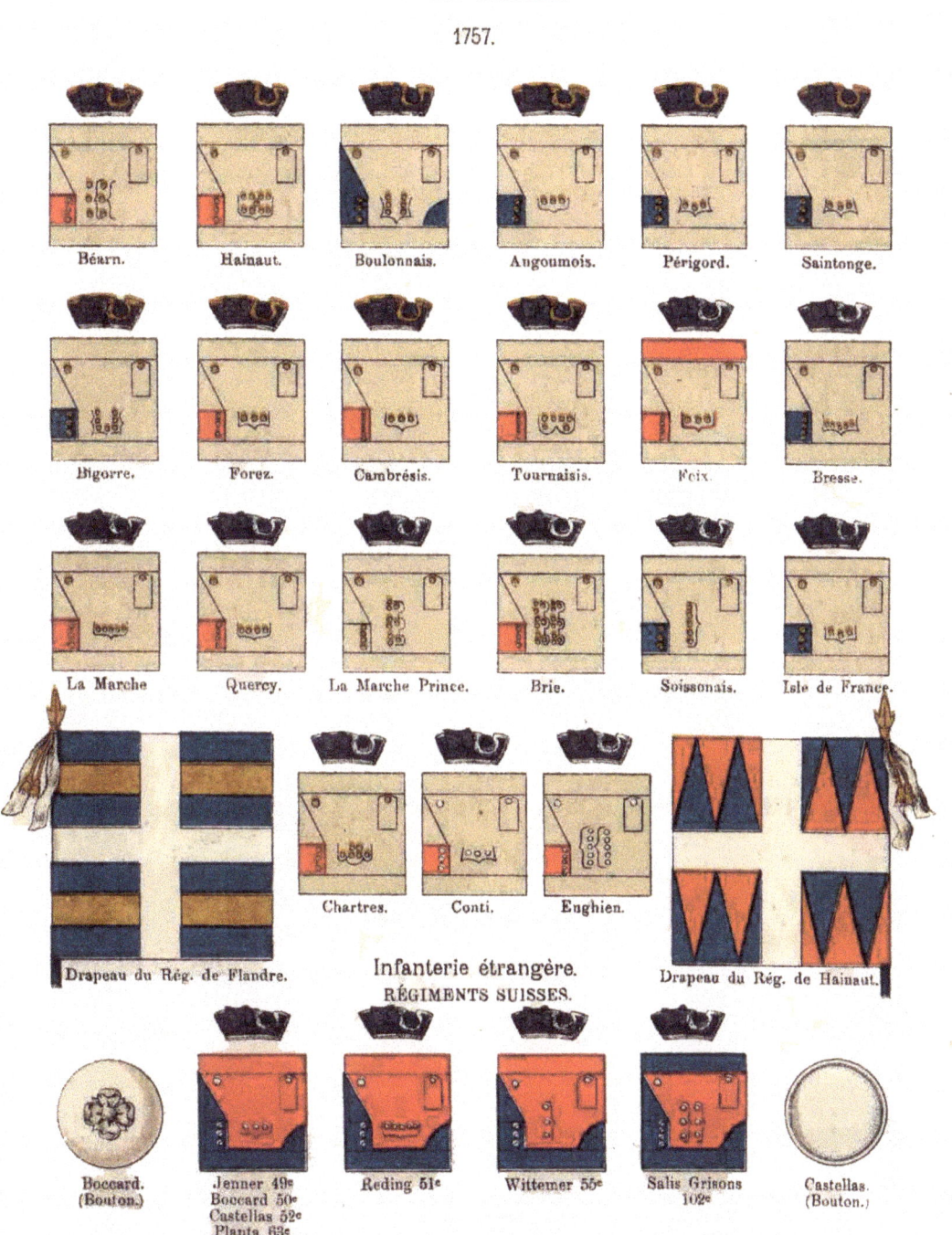

Béarn.   Hainaut.   Boulonnais.   Angoumois.   Périgord.   Saintonge.

Bigorre.   Forez.   Cambrésis.   Tournaisis.   Foix.   Bresse.

La Marche   Quercy.   La Marche Prince.   Brie.   Soissonais.   Isle de France.

Chartres.   Conti.   Enghien.

Drapeau du Rég. de Flandre.

Infanterie étrangère.
RÉGIMENTS SUISSES.

Drapeau du Rég. de Hainaut.

Boccard.
(Bouton.)

Jenner 49e
Boccard 50e
Castellas 52e
Planta 63e
Diesbach 90e
Courten 91e

Reding 51e

Wittemer 55e

Salis Grisons
102e

Castellas.
(Bouton.)

INFANTERIE.

1757.

RÉGTS. SUISSES. RÉGIMENTS ALLEMANDS.

Lochmann 117e · Alsace 36e · Bentheim 46e

Drapeau du Rég. de Touraine. · RÉGIMENTS ALLEMANDS · Drapeau du Rég. de Provence.

La Marck. 66e · Royal Suédois 95e · Royal-Bavière.101e · Lowendhal. 104e · Bergh. · Nassau-Ussingen 109e

RÉGIMENTS ALLEMANDS. · RÉGIMENTS ITALIENS.

Nassau-Saarbrück. 108e · La Dauphiné. 111e · St. Germain · Royal-Pologne 113e · Royal Italien. 48e · Royal-Corse. 108e

RÉGIMENTS IRLANDAIS.

Bulkeley. 82e · Clare. 93e · Dillon. 94e · Rooth. 98e · Berwick. 99e · Lally, 105e

RÉGIMENTS ECOSSAIS.

IN HOC SIGNO VINCES

Drapeau du Rég. de Bulkeley. · Royal-Ecossais. · Ogilvie. · Drapeau du Rég. de Nice.

INFANTERIE.

ORDONNANCE DU 21 DÉCEMBRE 1762.

Pl. 23.

Picardie. 1er   Champagne. 2e   Navarre. 3e   Piémont. 4e   Normandie. 5e   La Marine. 6e

Béarn. 7e   Bourbonnais. 8e   Auvergne. 9e   Flandre 10e   Guyenne. 11e   du Roi. 12e

Royal. 13e   Poitou. 14e   Lyonnais. 15e   Dauphin. 16e   Aunis. 17e   Touraine. 18e

Aquitaine. 19e   Eu. 20e   Dauphiné. 21e   Isle de France. 22e   Soissonais. 23e   la Reine. 24e

Limosin. 25e   Royal des Vaisseaux. 26e   Orléans. 27e   la Couronne. 26e   Bretagne. 29e   Gardes Lorraines. 20e

INFANTERIE.

ORDONNANCE DU 21 DÉCEMBRE 1762.

| Artois. 31e | Berry. 32e | Haïnaut. 33e | La Sarre. 34e | La Fère. 35e | Alsace. 36e |

| Royal Roussillon. 37e | Condé. 38e | Bourbon. 39e | Grenadiers de France. 40e | Beauvaisis. 41e | Rouergue. 42e |

| Bourgogne. 43e | Royal Marine. 44e | Vermandois. 45e | Anhalt 46e | Royal Italien. 48e |

| d'Erlach 49e | Boccard 50e | Reding 51e | Castellas 52e | Languedoc. 53e | Beauce. 54e |

| Waldner 55e | Médoc 56e | Vivarais. 57e | Vexin. 58e | Royal-Comtois. 59e | Beaujolais 60e |

Tome III. Pl. 25.

INFANTERIE.

ORDONNANCE DU 21 DÉCEMBRE 1762.

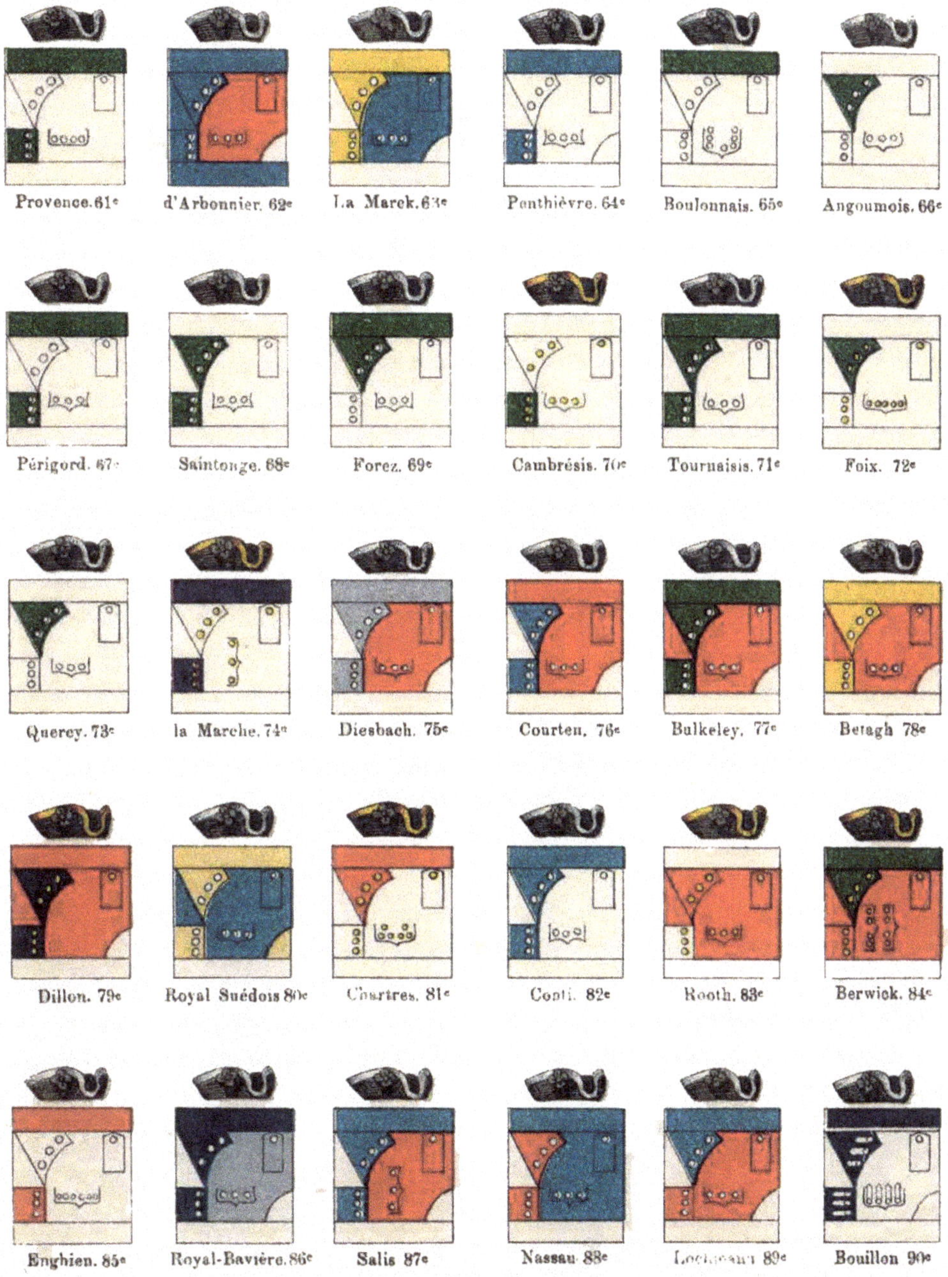

Provence. 61e
d'Arbonnier. 62e
La Marck. 63e
Penthièvre. 64e
Boulonnais. 65e
Angoumois. 66e
Périgord. 67e
Saintonge. 68e
Forez. 69e
Cambrésis. 70e
Tournaisis. 71e
Foix. 72e
Quercy. 73e
la Marche. 74e
Diesbach. 75e
Courten. 76e
Bulkeley. 77e
Betagh 78e
Dillon. 79e
Royal Suédois 80e
Chartres. 81e
Conti. 82e
Rooth. 83e
Berwick. 84e
Enghien. 85e
Royal-Bavière. 86e
Salis 87e
Nassau 88e
Lochmann 89e
Bouillon 90e

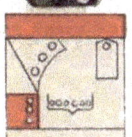

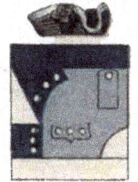

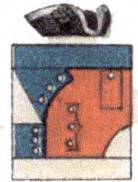

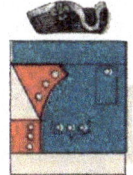

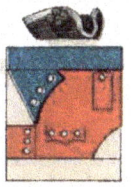

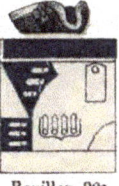

INFANTERIE.

1762 (Fin).　1757—1762—1775

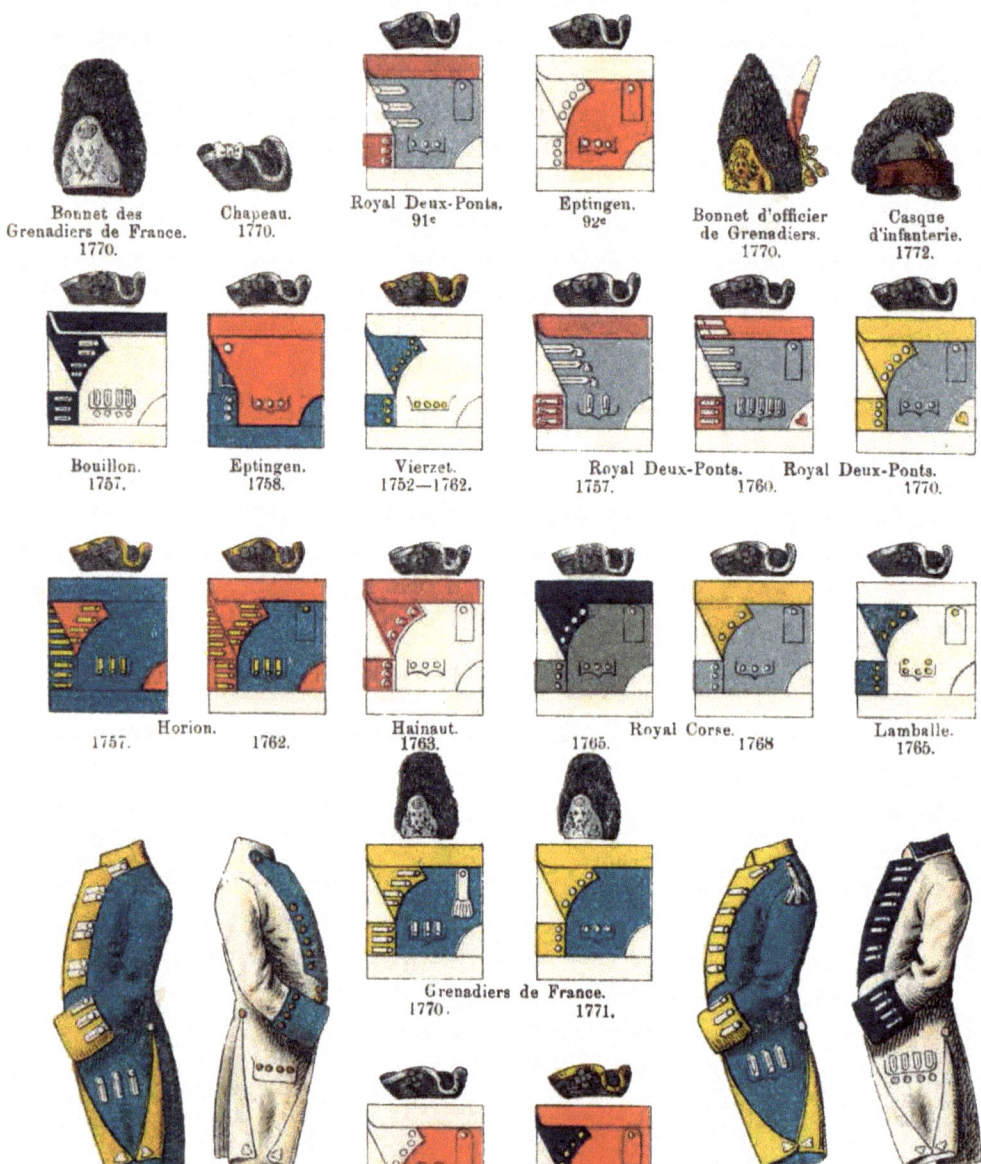

Bonnet des
Grenadiers de France.
1770.

Chapeau.
1770.

Royal Deux-Ponts.
91e

Eptingen.
92e

Bonnet d'officier
de Grenadiers.
1770.

Casque
d'infanterie.
1772.

Bouillon.
1757.

Eptingen.
1758.

Vierzet.
1752—1762.

Royal Deux-Ponts.
1757.

Royal Deux-Ponts.
1760.

Royal Deux-Ponts.
1770.

Horion.
1757.　　1762.

Hainaut.
1763.　　1765.

Royal Corse.
1768

Lamballe.
1765.

Grenadiers de France.
1770.　　　　1771.

Habits des régiments
de la Marck.　de Vierzet.
1761.　　1760.

Berwick.
1768.

Dillon.
1767.

Habits des régiments
des Grenadiers de France de Bouillon.
1762.　　　　1757.

INFANTERIE.

Pl. 27.

Milices.

Grenadiers Royaux.

Grenadiers Royaux.

Milices.
(Tambour.)

Régiments provinciaux.

Buttafoco.
1760.

Régiment provincial Corse.

Milices. Garde côtés
Compagnies
detachées.

Milices. Garde côtés
Canonnier.

Milices. Garde côtés
Dragon.

Rég. provinciaux.
1786.

Régiment Corse.
1786.

Bonnet des
Grenadiers Royaux 1788.

Giberne.
1757.

Provincial Corse.

1772.

1786.
(Officier).

Chapeau Corse.
(coté gauche.)

Régiment de la ville
de Paris. 1786.

Chapeau Corse.
(coté droit.)

Habits de milices
françaises.

Habit des milices
de Lorraine.

INFANTERIE.
ORDONNANCE DU 2 SEPTEMBRE 1775.

Picardie. 1er Champagne. 2e Navarre. 3e Piémont. 4e Normandie. 5e La Marine. 6e

Bourbonnais. 7e Béarn. 8e Auvergne. 9e Flandre. 10e Guyenne. 11e du Roi. 12e

Royal. 13e Brie. 14e Poitou. 15e Bresse. 16e Lyonnais. 17e Du Maine. 18e

Dauphin. 19e Perche. 20e Aunis. 21e Bassigny. 22e Touraine. 23e Savoie-Carignan. 24e

Aquitaine. 25e Anjou. 26e Nivernais. 27e Dauphiné. 28e Isle de France. 29e Soissonais. 30e

INFANTERIE.

ORDONNANCE DU 2 SEPTEMBRE 1775.

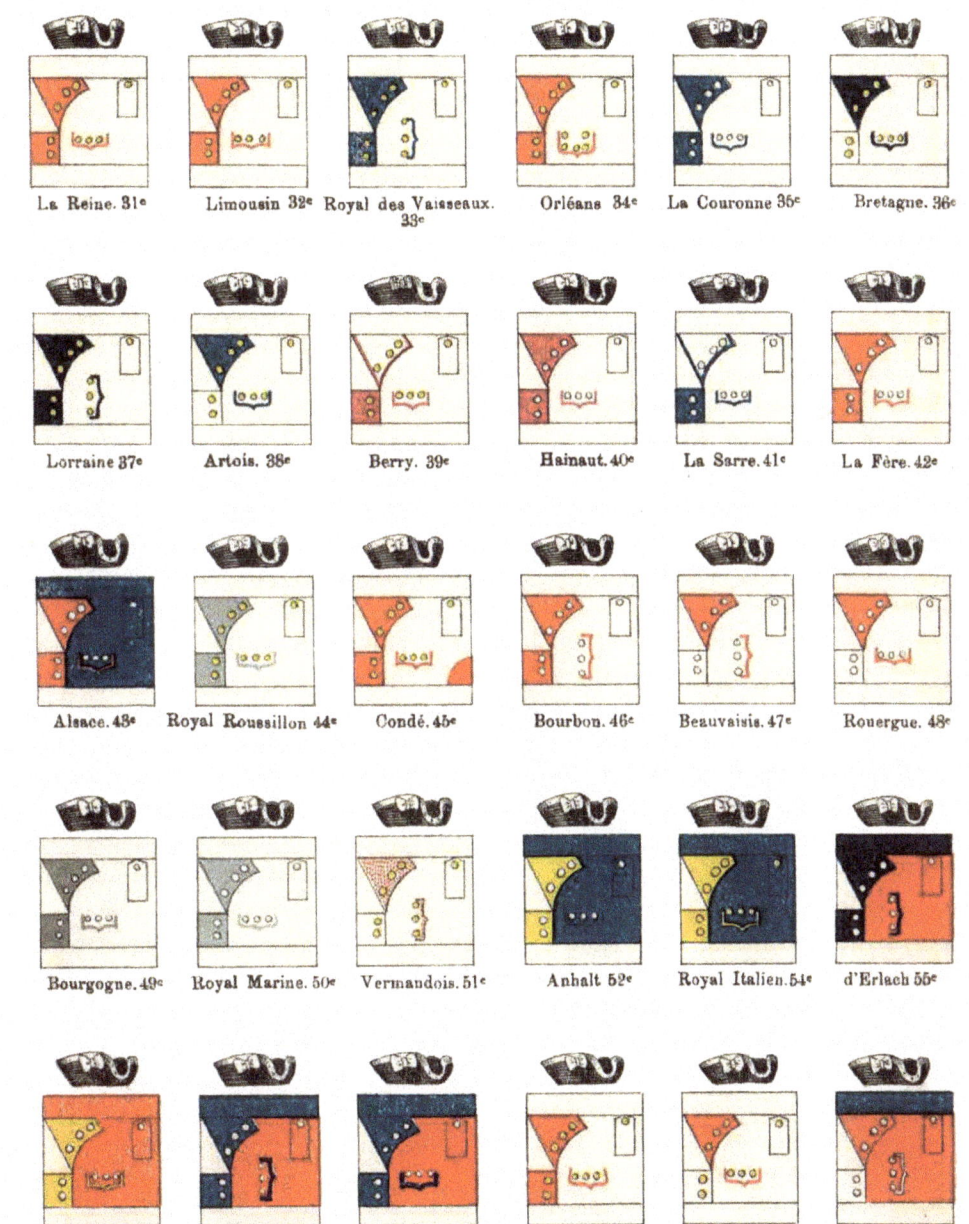

La Reine. 31e   Limousin 32e   Royal des Vaisseaux. 33e   Orléans 34e   La Couronne 35e   Bretagne. 36e

Lorraine 37e   Artois. 38e   Berry. 39e   Hainaut. 40e   La Sarre. 41e   La Fère. 42e

Alsace. 43e   Royal Roussillon 44e   Condé. 45e   Bourbon. 46e   Beauvaisis. 47e   Rouergue. 48e

Bourgogne. 49e   Royal Marine. 50e   Vermandois. 51e   Anhalt 52e   Royal Italien. 54e   d'Erlach 55e

Boccard. 56e   Sonnenberg. 57e   Castella 58e   Languedoc. 59e   Beauce 60e   Waldner 61e

Dr. Lienhart.

INFANTERIE.

ORDONNANCE DU 2 SEPTEMBRE 1775.

Médoc 62e	Vivarais. 63e	Vexin. 64e	Royal-Comtois. 65e	Beaujolais 66e	Monsieur 67e Grenadier.
d'Aulbonne 68e	La Marck. 69e	Penthièvre. 70e	Boulonnais. 71e	Angoumois. 72e	
la Marche. 73e	Saintonge. 74e	Foix. 75e	Quercy. 76e	Diesbach. 77e	
Courten. 78e	Dillon. 79e	Berwick. 80e	Royal Suédois 81e	Chartres. 82e	
Conti. 83e	Enghien. 84e	Royal-Bavière. 86e	Salis. 87e	Royal Corse. 88e	
Nassau 89e	Lochmann 90e	Bouillon 91e	Royal Deux-Ponts. 92e	Eptingen. 93e	

Dr. Lienhart.

INFANTERIE.

RÈGLEMENT DU 21 MAI 1776.

Picardie 1er · Provence 2e · Champagne 3e · Austrasie 4e · Navarre 5e · Armagnac 6e

Piémont 7e · Blaisois 8e · Normandie 9e · Neustrie 10e · La Marine 11e · Auxerrois 12e

Béarn 13e · Agénois 14e · Bourbonnais 15e · Forez 16e · Auvergne 17e · Gâtinois 18e

Flandre 19e · Cambrésis 20e · Guyenne 21r · Viennois 22e · du Roi 23e · Royal 24e

Brie 25e · Poitou 26e · Bresse 27e · Lyonnais 28e · Maine 29e · Dauphin 30e

INFANTERIE.

RÈGLEMENT DU 21 MAI 1776.

Perche 31e — Aunis 32e — Bassigny 33e — Touraine 34e — Savoie-Carignan 35e — Aquitaine 36e

Anjou 37e — Nivernais 38e — Dauphiné 39e — Isle de France 40e — Soissonnais 41e — La Reine 42e

Limousin 43e — Royal-Vaisseaux 44e — Orléans 45e — La Couronne 46e — Bretagne 47e — Lorraine 48e

Artois. 49e — Berry 50e — Hainaut 51e — La Sarre 52e — La Fère 53e — Alsace 54e

Royal Roussillon 55e — Condé 56e — Bourbon 57e — Beauvaisis 58e — Rouergue 59e — Bourgogne 60e

INFANTERIE.

RÈGLEMENT DU 21 MAI 1776.

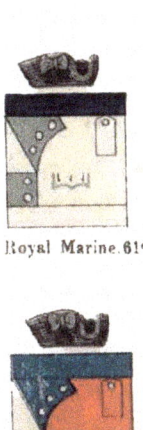 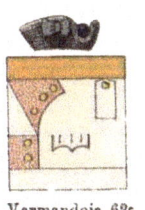 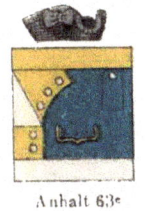 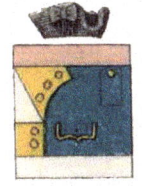 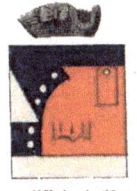 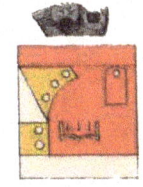

Royal Marine. 61ᵉ   Vermandois 62ᵉ   Anhalt 63ᵉ   Royal Italien. 64ᵉ   d'Erlach 65ᵉ   Boccard 66ᵉ

  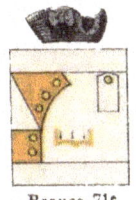 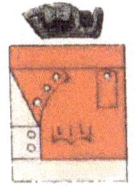 

Sonnenberg. 68ᵉ   Castellas 69ᵉ   Languedoc 70ᵉ   Beauce 71ᵉ   Waldner 72ᵉ   Médoc 73ᵉ

 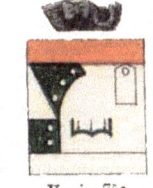 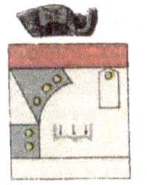 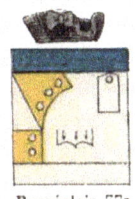  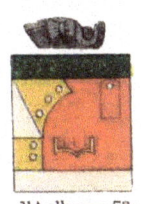

Vivarais 74ᵉ   Vexin 75ᵉ   Royal Comtois 76ᵉ   Beaujolais 77ᵉ   Monsieur 78ᵉ   d'Aulbonne 79ᵉ

   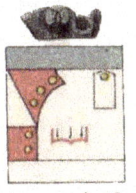  

La Marck 80ᵉ   Penthièvre 81ᵉ   Boulonnais 82ᵉ   Angoumois 83ᵉ   Conti 84ᵉ   Saintonge 85ᵉ

 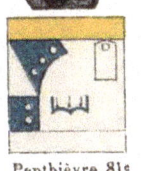 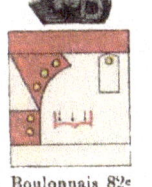 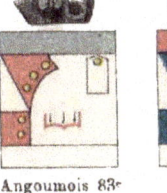 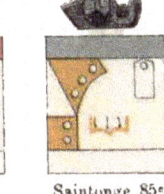 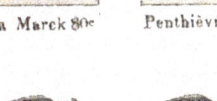 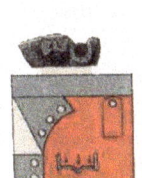     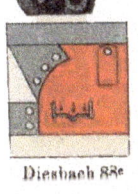 

Foix 86ᵉ   Rohan-Soubise 87ᵉ   Diesbach 88ᵉ   Courten 89ᵉ   Dillon 90ᵉ   Berwick 91ᵉ

INFANTERIE.

RÈGLEMENT DU 21 MAI 1776.

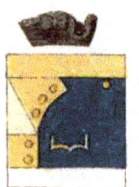
Royal Suédois 92e

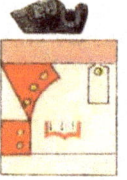
Chartres 93e

Barrois 94e

Walsh 95e

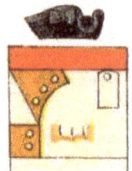
Enghien 96e

Royal-Bavière. 97e

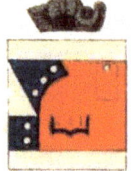
Salis 99e

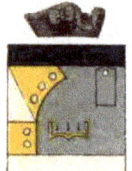
Royal Corse 100e

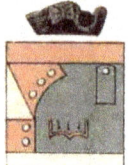
Nassau 101e

Lochmann 102e

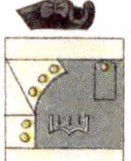
Bouillon 103e

Royal Deux-Ponts. 104e

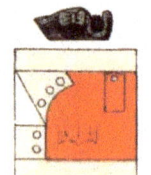
Eptingen. 105e

Habit d'officier
Régiment de Bourbon 1775.

Soldat du Régiment Royal.

Habit du Régiment de
la Couronne 1776.

Dr. Lienhart et R. Humbert.

INFANTERIE.

21 FÉVRIER 1779.

Pl. 35.

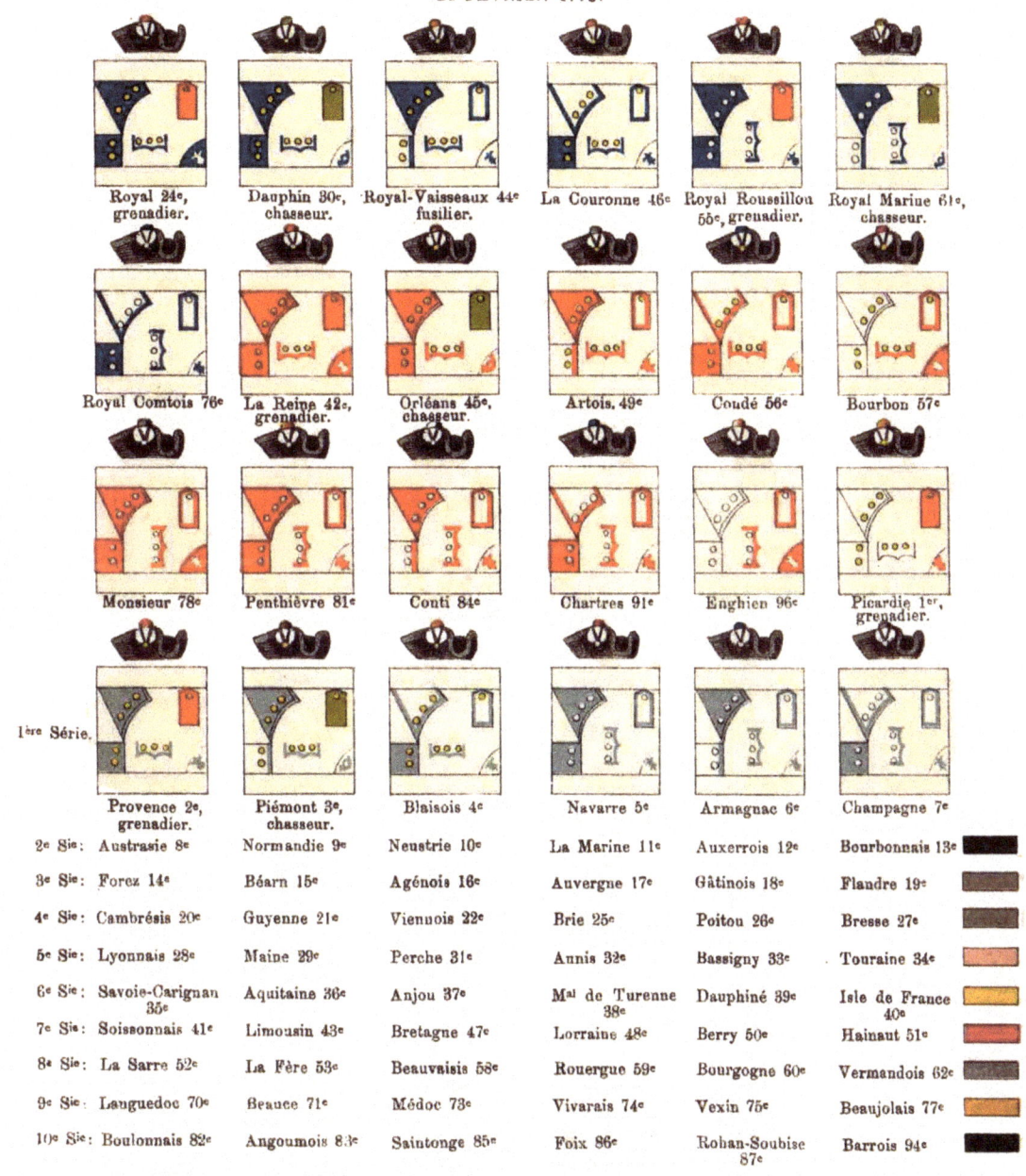

Royal 24e, grenadier.	Dauphin 30e, chasseur.	Royal-Vaisseaux 44e fusilier.	La Couronne 46e	Royal Roussillon 55e, grenadier.	Royal Marine 61e, chasseur.
Royal Comtois 76e	La Reine 42e, grenadier.	Orléans 45e, chasseur.	Artois 49e	Condé 56e	Bourbon 57e
Monsieur 78e	Penthièvre 81e	Conti 84e	Chartres 91e	Enghien 96e	Picardie 1er, grenadier.
Provence 2e, grenadier.	Piémont 3e, chasseur.	Blaisois 4e	Navarre 5e	Armagnac 6e	Champagne 7e

1ère Série.

2e Sie : Austrasie 8e	Normandie 9e	Neustrie 10e	La Marine 11e	Auxerrois 12e	Bourbonnais 13e
3e Sie : Forez 14e	Béarn 15e	Agénois 16e	Auvergne 17e	Gâtinois 18e	Flandre 19e
4e Sie : Cambrésis 20e	Guyenne 21e	Viennois 22e	Brie 25e	Poitou 26e	Bresse 27e
5e Sie : Lyonnais 28e	Maine 29e	Perche 31e	Annis 32e	Bassigny 33e	Touraine 34e
6e Sie : Savoie-Carignan 35e	Aquitaine 36e	Anjou 37e	Mal de Turenne 38e	Dauphiné 39e	Isle de France 40e
7e Sie : Soissonnais 41e	Limousin 43e	Bretagne 47e	Lorraine 48e	Berry 50e	Hainaut 51e
8e Sie : La Sarre 52e	La Fère 53e	Beauvaisis 58e	Rouergue 59e	Bourgogne 60e	Vermandois 62e
9e Sie : Languedoc 70e	Beauce 71e	Médoc 73e	Vivarais 74e	Vexin 75e	Beaujolais 77e
10e Sie : Boulonnais 82e	Angoumois 83e	Saintonge 85e	Foix 86e	Rohan-Soubise 87e	Barrois 94e

Régiments étrangers: comme en 1776, sauf Nassau, Royal Deux-Ponts et Royal Corse.

Régiment du Roi (23e) conserve son ancien uniforme.

Dr. Lienhart et R. Humbert

INFANTERIE.

21 FÉVRIER 1779 (Suite).

 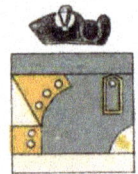

Nassau.   Royal Deux-Ponts.   Royal Corse.

1ᵉ OCTOBRE 1786.

Voir l'ordonnance précédente pour les autres régiments
dont les uniformes n'ont pas subi de changement.

  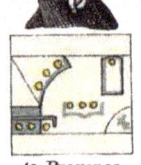

1ᵉʳ Colonel Général.   2ᵉ Picardie.   4ᵉ Provence.

Rég. du Cambrésis.
Officier, 1786.   35ᵉ Duc d'Angoulême. 46ᵉ La Couronne.   49ᵉ Artois.

Rég. du Cambrésis.
Grenadier, 1786.

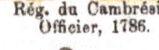 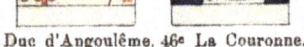 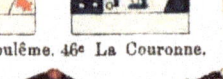 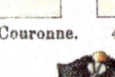

    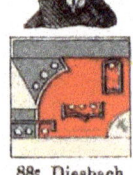

66ᵉ Ernest.   68ᵉ Sonnenberg.   69ᵉ Castella.   72ᵉ Vigier.   79ᵉ Châteauvieux.   88ᵉ Diesbach.

    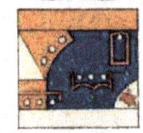 

89ᵉ Courten.   98ᵉ Salis-Grisons.   99ᵉ Steiner.   90ᵉ Dillon.   97ᵉ Royal Hesse-
Darmstadt.   106ᵉ Montréal.

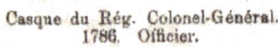  

Casque du Rég. Colonel-Général.
1786. Officier.   107ᵉ Royal Liègeois
1787.   Montréal
1784—1785.   Bonnets à poil.   1788
Rég. Colonel-Général.   Rég. du Roi.

INFANTERIE

RÈGLEMENT PROVISOIRE DU 1er AVRIL 1791.

1ère Serie.	1er Col.-Général. 4e *Provence.*	2e Picardie. 5e *Navarre.*	3e Piémont. 6e *Armagnac.*	7e Champagne. 10e *Neustrie.*	8e Austrasie. 11e *La Marine.*	9e Normandie. 12e *Auxerrois.*
2e Série	13e Bourbonnais. 16e *Agénois.*	14e Forez. 17e *Auvergne.*	15e Béarn. 18e *Royal-Auvergne.*	19e Flandre. 22e *Viennois.*	20e Cambrésis. 23e *Royal.*	21e Guyenne. 24e *Brie.*
3e Série.	25e Poitou. 28e *Maine.*	26e Bresse. 29e *Dauphin.*	27e Lyonnais. 30e *Perche.*	31e Aunis. 34e *Angoulème.*	32e Bassigny 35e *Aquitaine.*	33e Touraine. 36e *Anjou.*
4e Série	37e Turenne. 40e *Soissonnais.*	38e Dauphiné 41e *La Reine.*	39e Ile de France. 42e *Limousin.*	43e Rl. Vaisseaux. 46e *Bretagne.*	44e Orléans. 47e *Lorraine.*	45e La Couronne. 48e *Artois.*
5e Série.	49e Ventimille. 52e *La Fère.*	50e Hainaut. 54e *Rl. Roussillon.*	51e La Sarre. 55e *Condé.*	56e Bourbon. 59e *Bourgogne.*	57e Beauvaisis. 60e *Rl. Marine.*	58e Rouergue. 61e *Vermandois.*
6e Série	67e Languedoc. 71e *Vivarais.*	68e Beauce. 72e *Vexin.*	70e Médoc. 73e *Rl. Comtois.*	74e Beaujolais. 79e *Bourbonnais.*	75e Monsieur. 80e *Angoumois.*	78e Penthièvre. 81e *Conti.*
7e Série	82e Saintonge. 90e *Chartres.*	83e Foix. 91e *Barrois.*	84e Rohan. 93e *Enghien.*			
8e Série	102e 108e Pondicherry. 111e Ile Bourbon la Guyane et Bataillon d'Afrique.	103e 109e Martinique et Guadeloupe.	104e 110e Port au Prince.	105e du Roi.	106e du Cap.	107e Ile de France.

Note: Les régiments désignés == *de telle sorte* == avaient les boutons blancs.

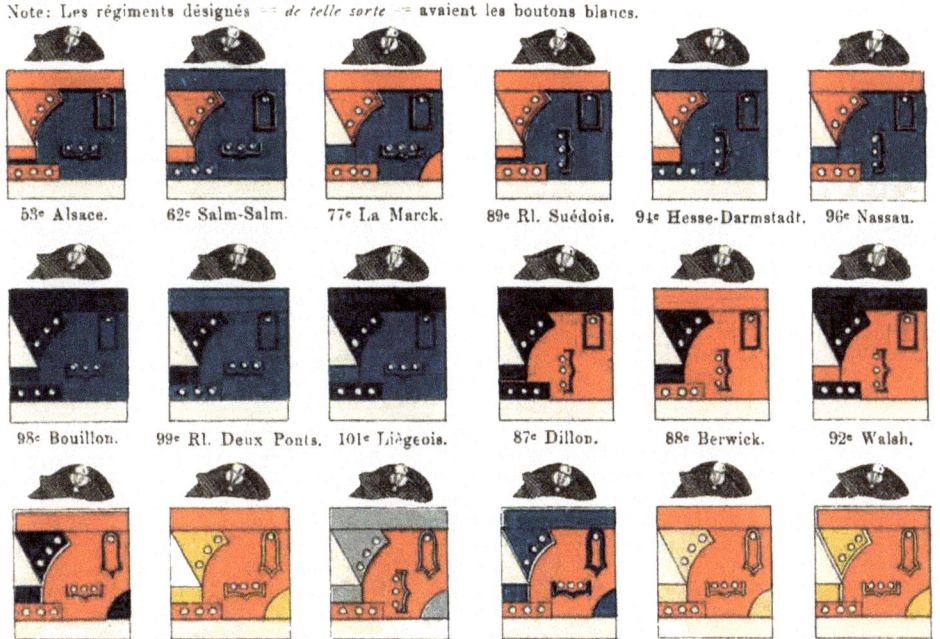

53e Alsace.	62e Salm-Salm.	77e La Marck.	89e Rl. Suédois.	94e Hesse-Darmstadt.	96e Nassau.
98e Bouillon.	99e Rl. Deux Ponts.	101e Liégeois.	87e Dillon.	88e Berwick.	92e Walsh.
63e Ernest.	64e Salis-Samade.	65e Sonnenberg.	66e Castella.	69e Vigier.	76e Lullin de Châteauvieux.

INFANTERIE 1791-92-1806.

1791.   RÉGIMENTS SUISSES.   15 JUIN 1792.

85ᵉ Diesbach.   86ᵉ Courten.   95ᵉ Salis-Grisons.   97ᵉ Steiner.   100ᵉ Reinach.

21 FÉVRIER 1793.   **2 FLORÉAL AN IV.**   1803.   AN XIII.

Fusilier.   Grenadier.   (Tenue réglementaire).   Voltigeurs.

1806.

  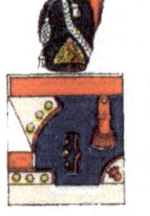   

1806.   Fusilier.   Grenadier.   (Tenue réglementaire). Voltigeurs.   1806.

Veste 1803.   1810.

1805—1806.

Bonnet de police. 1805.

1812.   Habit de fusilier. 1803.   Habit de grenadier. 1806.   1812.

Dr. Lienhart et R. Humbert.

INFANTERIE 1806-1812.

25 AVRIL—25 JUILLET 1806.

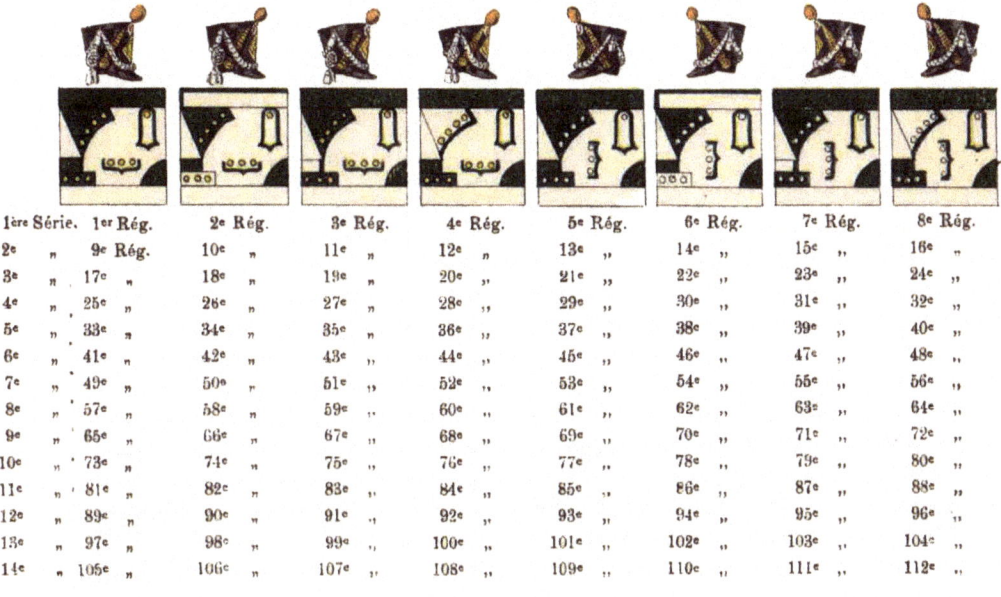

1ère Série.	1er Rég.	2e Rég.	3e Rég.	4e Rég.	5e Rég.	6e Rég.	7e Rég.	8e Rég.
2e "	9e Rég.	10e "	11e "	12e "	13e ,,	14e ,,	15e ,,	16e "
3e "	17e "	18e "	19e "	20e "	21e ,,	22e ,,	23e ,,	24e "
4e "	25e "	26e "	27e "	28e ,,	29e ,,	30e ,,	31e ,,	32e "
5e "	33e "	34e "	35e "	36e ,,	37e ,,	38e ,,	39e ,,	40e "
6e "	41e "	42e "	43e ,,	44e ,,	45e ,,	46e ,,	47e ,,	48e ,,
7e ,,	49e "	50e "	51e ,,	52e ,,	53e ,,	54e ,,	55e ,,	56e ,,
8e "	57e "	58e "	59e ,,	60e ,,	61e ,,	62e ,,	63e ,,	64e ,,
9e "	65e "	66e "	67e ,,	68e ,,	69e ,,	70e ,,	71e ,,	72e ,,
10e "	73e "	74e "	75e ,,	76e ,,	77e ,,	78e ,,	79e ,,	80e ,,
11e "	81e "	82e "	83e ,,	84e ,,	85e ,,	86e ,,	87e ,,	88e ,,
12e "	89e "	90e "	91e ,,	92e ,,	93e ,,	94e ,,	95e ,,	96e ,,
13e "	97e "	98e "	99e ,,	100e ,,	101e ,,	102e ,,	103e ,,	104e ,,
14e "	105e "	106e "	107e ,,	108e ,,	109e ,,	110e ,,	111e ,,	112e ,,

19 JANVIER 1812.

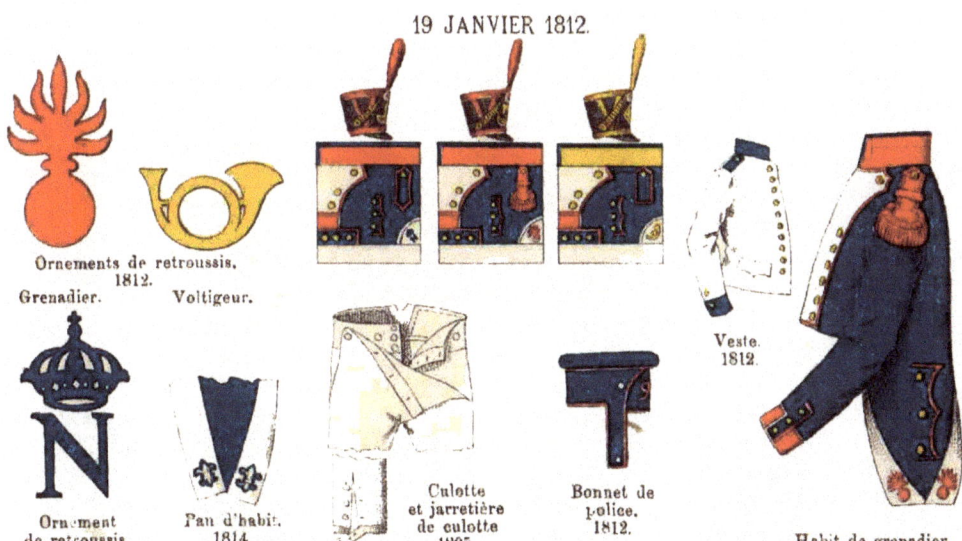

Ornements de retroussis. 1812.
Grenadier.   Voltigeur.

Ornement de retroussis. 1812. Fusilier

Pan d'habit. 1814.

Culotte et jarretière de culotte 1805.

Bonnet de police. 1812.

Veste. 1812.

Habit de grenadier. 1812.

INFANTERIE 1815-1818-1819.

ORDONNANCE DU 14 OCTOBRE 1815.

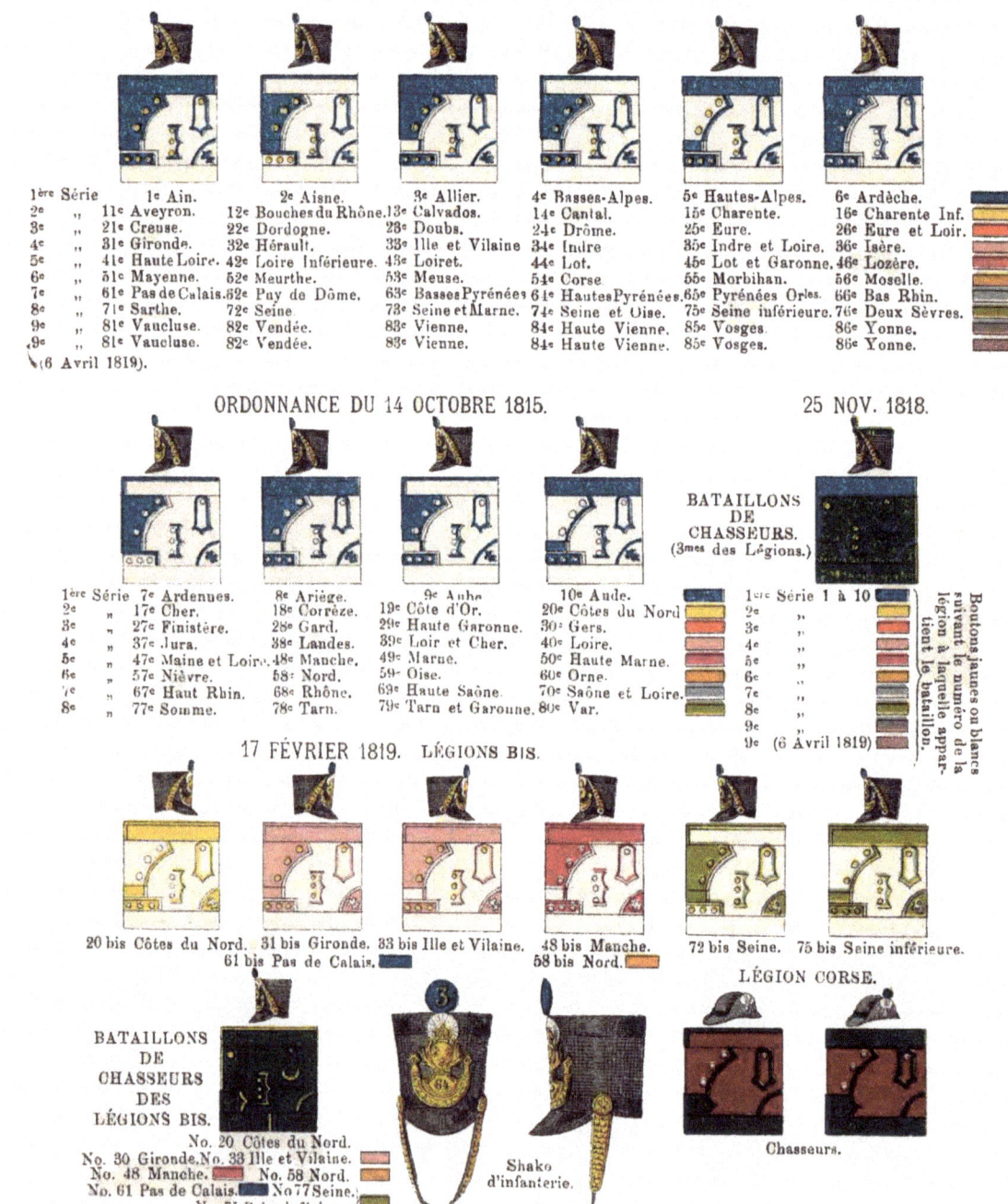

1ère Série	1e Ain.	2e Aisne.	3e Allier.	4e Basses-Alpes.	5e Hautes-Alpes.	6e Ardèche.
2e "	11e Aveyron.	12e Bouches du Rhône.	13e Calvados.	14e Cantal.	15e Charente.	16e Charente Inf.
3e "	21e Creuse.	22e Dordogne.	23e Doubs.	24e Drôme.	25e Eure.	26e Eure et Loir.
4e "	31e Gironde.	32e Hérault.	33e Ille et Vilaine.	34e Indre	35e Indre et Loire.	36e Isère.
5e "	41e Haute Loire.	42e Loire Inférieure.	43e Loiret.	44e Lot.	45e Lot et Garonne.	46e Lozère.
6e "	51e Mayenne.	52e Meurthe.	53e Meuse.	54e Corse	55e Morbihan.	56e Moselle.
7e "	61e Pas de Calais.	62e Puy de Dôme.	63e Basses Pyrénées	64e Hautes Pyrénées.	65e Pyrénées Orles.	66e Bas Rhin.
8e "	71e Sarthe.	72e Seine.	73e Seine et Marne.	74e Seine et Oise.	75e Seine inférieure.	76e Deux Sèvres.
9e "	81e Vaucluse.	82e Vendée.	83e Vienne.	84e Haute Vienne.	85e Vosges.	86e Yonne.
9e "	81e Vaucluse.	82e Vendée.	83e Vienne.	84e Haute Vienne.	85e Vosges.	86e Yonne.

(6 Avril 1819).

ORDONNANCE DU 14 OCTOBRE 1815.   25 NOV. 1818.

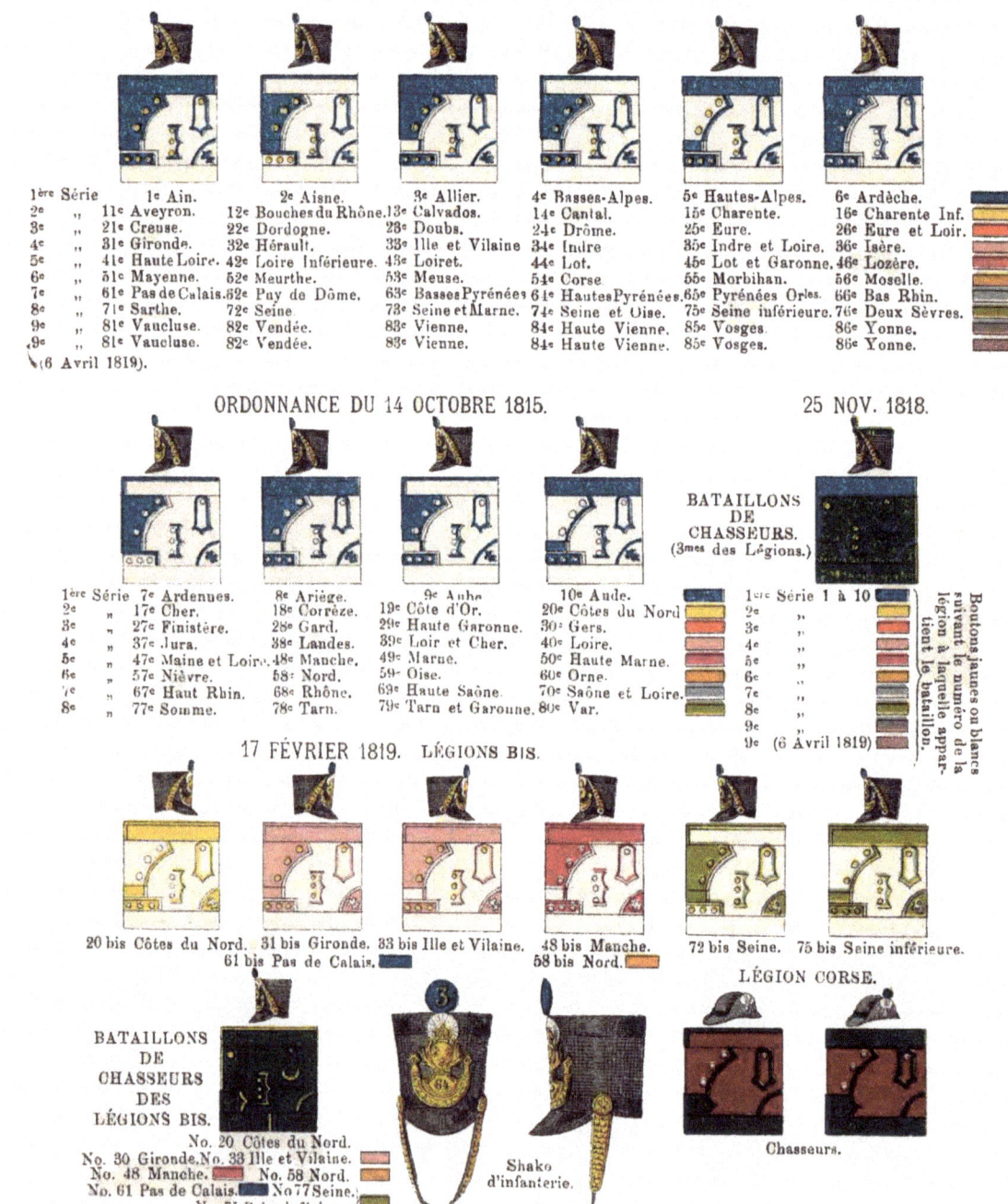

BATAILLONS DE CHASSEURS. (3mes des Légions.)

1ère Série	7e Ardennes.	8e Ariège.	9e Aube.	10e Aude.
2e "	17e Cher.	18e Corrèze.	19e Côte d'Or.	20e Côtes du Nord
3e "	27e Finistère.	28e Gard.	29e Haute Garonne.	30e Gers.
4e "	37e Jura.	38e Landes.	39e Loir et Cher.	40e Loire.
5e "	47e Maine et Loire.	48e Manche.	49e Marne.	50e Haute Marne.
6e "	57e Nièvre.	58e Nord.	59e Oise.	60e Orne.
7e "	67e Haut Rhin.	68e Rhône.	69e Haute Saône.	70e Saône et Loire.
8e "	77e Somme.	78e Tarn.	79e Tarn et Garonne.	80e Var.

1ère Série 1 à 10
2e "
3e "
4e "
5e "
6e "
7e "
8e "
9e "
9e " (6 Avril 1819)

Boutons jaunes ou blancs suivant le numéro de la légion à laquelle appartient le bataillon.

17 FÉVRIER 1819.   LÉGIONS BIS.

20 bis Côtes du Nord.   31 bis Gironde.   33 bis Ille et Vilaine.   48 bis Manche.   72 bis Seine.   75 bis Seine inférieure.
61 bis Pas de Calais.   58 bis Nord.

LÉGION CORSE.

BATAILLONS DE CHASSEURS DES LÉGIONS BIS.

No. 20 Côtes du Nord.
No. 30 Gironde. No. 33 Ille et Vilaine.
No. 48 Manche.   No. 58 Nord.
No. 61 Pas de Calais. No 77 Seine.
No. 75 Seine inférieure.

Shako d'infanterie.

Chasseurs.

INFANTERIE.

1820 1829

27 OCTOBRE 1820.   29 MAI 1828.   27 JUILLET 1829.

Fusilier.   Grenadier.   Voltigeur.   Grenadier.   Fusilier.   Grenadier.

Bonnet de police.

Pantalon.

Habit 1820.

1821.   Légion Corse 1814—15. Légion des Basses Alpes 1818—19.   Pantalon
Grenadier.   Grenadier.   Chasseur.   Fusilier.   (ouvert).

8. MAI 1822   2. FÉVRIER 1823.

INFANTERIE.

1844 1845.
29 FÉVRIER 1844   4 MARS 1845.

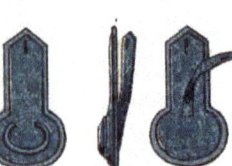

dessus.   profil.   dessous.   Cies du Centre.   Grenadier.   Voltigeur.   dessus.   profil.   dessous.
Contre-épaulettes.   Contre-épaulettes.
1845.   1822.

Shako 1844.   Shako 1845.

Shako, profil. 1844.   1845. Grenadier.   1845. Grenadier.   1837. Cies du Centre.

Bonnet de police.
1845.

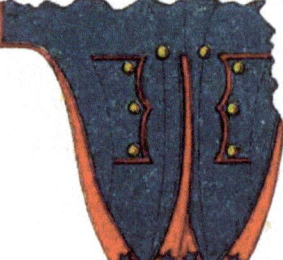

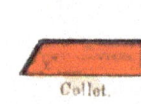

Cies du Centre.   Parement.   Collet.   Contre-épaulettes. 1844.   Pantalon.

Voltigeur.   Grenadier.
Pan d'habit.   Pan d'habit.

INFANTERIE.

1855.   1899.

30 JANVIER 1855.   30 MARS 1860

Cies du Centre.   Grenadier.   Voltigeur.   Cies du Centre.   Grenadier.   Voltigeur.

1856.

1856.

1860.

1860.

Pan de tunique (habit)
Cies du Centre.   1860.

Cies du Centre. 1860.   1875.   Grenadier. 1856.

Couvre-shako.

2. DECEMBRE 1867.   22. JANVIER 1868.   1872.   1899.
(4 Déc. 1894 — 9 Avril 1899.)

Cies du Centre.   Grenadier   Voltigeur.

Nota. Les shakos placés de profil montrent d'oeillet métallique servant au passage du tenon de la plaque.

Pl. 44.

INFANTERIE.

PLAQUES ET BOUTONS.

1776.

Soldat de 1re Cl.
Chevron
d'ancienneté.

Sergent.
Fourier.
Insigne des
sous-officiers
rengagés.

INFANTERIE.

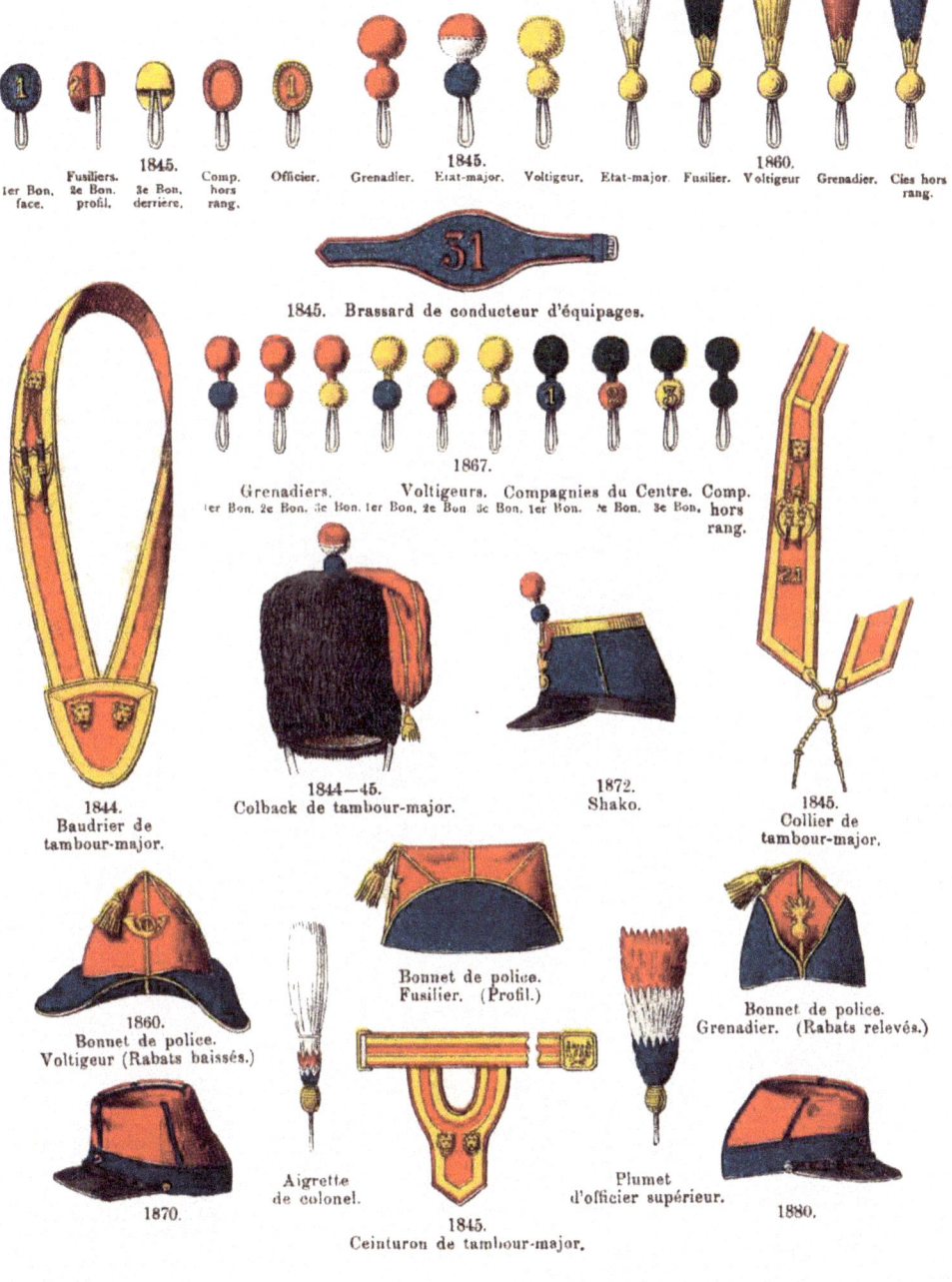

| 1er Bon. face. | Fusiliers. 2e Bon. profil. | **1845.** 3e Bon. derriere. | Comp. hors rang. | Officier. | Grenadier. | **1845.** Etat-major. | Voltigeur. | Etat-major. | Fusilier. | **1860.** Voltigeur. | Grenadier. | Cies hors rang. |

1845. Brassard de conducteur d'équipages.

1867.

Grenadiers.   Voltigeurs.   Compagnies du Centre. Comp.
1er Bon. 2e Bon. 3e Bon. 1er Bon. 2e Bon. 3e Bon. 1er Bon. 2e Bon. 3e Bon. hors rang.

1844.
Baudrier de
tambour-major.

1844—45.
Colback de tambour-major.

1872.
Shako.

1845.
Collier de
tambour-major.

1860.
Bonnet de police.
Voltigeur (Rabats baissés.)

Bonnet de police.
Fusilier.   (Profil.)

Bonnet de police.
Grenadier.   (Rabats relevés.)

Aigrette
de colonel.

Plumet
d'officier supérieur.

1870.

1845.
Ceinturon de tambour-major.

1880.

R. Humbert.

INFANTERIE.

Harnachement d'officier
supérieur. (Petite tenue.)
1845.

Shako d'officier. 1829.

Harnachement d'officier
supérieur. (Grande tenue).
1845.

Epée d'officier.
1786.

Epaulette
de Lieutenant
1786.

Bonnet de police
1845.

Epaulettes.
1806.

Colonel d'infanterie. 1816.   Officier supérieur   Officier. 1806.
Légion Nr. 21.   en redingote. 1813.

Dolman. (devant).   Tunique. (derrière).   Tunique. (devant)   Dolman. (derrière).

INFANTERIE.

OFFICIERS.
Epaulettes.

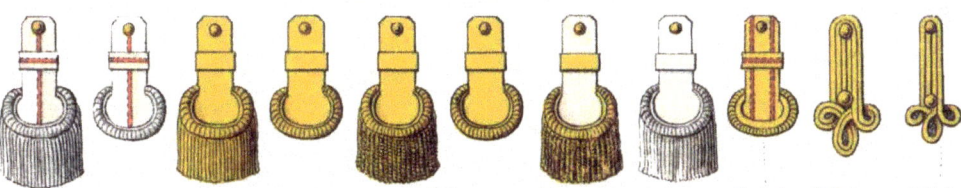

Adjudant   Officiers   Officiers   Lieutenant-   Adjudant- Chef de   Officiers   Officiers
sous-officier.   subalternes.   supérieres.   colonel.   major.   musique. supérieures. subalternes.

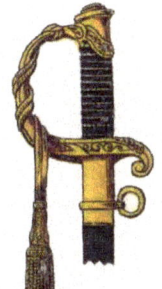

Mars 1845.

Officier, 1883.   Officier, 1840.

1885.

Ceinturon de grande
tenue et mode d'attache.

de la bélière porterieux
aux ceinturon de grande
et petite tenue. 1845.

Plaque de ceinturon. 1845   Insigne de grade.
                              Dolman.

1860.   Caban d'officier. 1845.

R. Humbert.

INFANTERIE.

Pl. 48.

Hausse-col.
Empire.

1812.
Trèfle d'épaule
de tambour-major.

Écussons de taille.
Musicien.

Tambour
et clairon.

Collet de tambour-major
et musicien. 1845.

1845.
Trèfle d'épaule
de tambour-major.

Tambour-major
1812.

Hausse-col.
Restauration.

Giberne et
porte-baïonnette
1840.

Tunique. 1867.

Havre-sac. 1803.

Boucles et montures des
bretelles de giberne. 1845

Casquette d'Afrique. 1833.

Tunique (derriere). 1867.

Shako, 1858

Sabre
1822.

Ceinturon monté (1845)
avec sabre (1831) et
baïonnette.

Sabre-baïonnette.
1866.

Épée baïonnette.
1874.

R. Humbert.

54

INFANTERIE.

Pl. 49.

R. Humbert.

(103e Rég. Grenadiers.)
Tambour.
1791.

(La Marine.)
Tambour.
1772.

(Vexin.)
Tambour-major.
1772.

Tambour-major.
1812.

Tambour-major.
1793.

Tambour-major.
1806.

(22e Légion.)
Tambour.
1818.

(Eu.)
Musicien (Fifre).
1772.

INFANTERIE.

Pl. 50.

K. Humbert.

Musicien.
1832.

Musicien.
1809

Cornet.
1809. 1810.

Sapeur.
1849

Soldat charpentier.
1775.

Tambour.
1798.

Sapeur.
1793.

Sapeur.
1806.

Pl. 51.

CHASSEURS A PIED.

1760. **8 MAI, 8 AOÛT 1784.**

Chasseur du Rég. du Bercheny. Chasseur du Rég. de Turpin. Chass. des Alpes. des Pyrénées. des Vosges. des Cévennes.

8 MAI, 8 AOÛT 1784. **1er OCTOBRE 1786.**

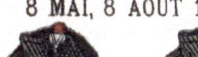

du Gévaudan. des Ardennes. des Alpes. des Pyrénées des Vosges des Cévennes.

1er OCTOBRE 1786. **17 MARS 1788.**

du Gévaudan. des Ardennes. Chasseurs royaux de Provence Chasseurs royaux de Dauphiné. Chasseurs royaux Corses. Chasseurs Corses.

Chasseurs Cantabres Chasseurs Bretons. Chasseurs d'Auvergne. Chasseurs des Vosges. Chasseurs des Cévennes. Chasseurs du Gevaudan.

1er AVRIL 1791

Chasseurs des Ardennes Chasseurs du Roussillon. 1er Bataillon. 2e Bataillon. 3e Bataillon. 4e Bataillon.

CHASSEURS A PIED ET INFANTERIE LÉGÈRE.
1er AVRIL 1791.

5e Bataillon.   6e Bataillon.   7e Bataillon.   8e Bataillon.   9e Bataillon.   10e Bataillon.

11e Bataillon.   12e Bataillon.

13e Bataillon.   14e Bataillon.

1793. Infant. légère.   1793. Infant. légère.
Chasseur.   Carabinier.

1797.   1760.   1786.
Carabinier   Bataillon de Chasseurs   Chasseurs
d'Infant. légère.   du Rég. de Bercheny.   des Alpes.

1797—1803.   1812.

Chasseur.   Carabinier.   Voltigeur.   Chasseur.   Carabinier.   Voltigeur.

Dr. Lienhart. — R. Humbert.

LÉGIONS LÉGÈRES. — INFANTERIE LÉGÈRE. — CHASSEURS A PIED.

19 FÉVRIER 1819.

| Basses-Alpes. | Hautes-Alpes. (Carabiniers.) | Ariège. (Carabiniers.) | Creuse | Jura. (Carab.) | Corse. (Voltigeur.) |

6 AVRIL 1819.

| Hautes-Pyrénées. | Pyrénées-Orientales. (Carabiniers.) | Haute-Vienne. (Carabiniers.) | Vosges. | Haute Vienne. (Voltigeurs.) | Vosges. |

22 OCTOBRE 1820.   8 MAI 1822.

| Chasseur. | Carabinier. | Voltigeur. | Chasseur. | Carabinier. | Voltigeur. |

1835.

| Chasseur. | Carabinier. | Voltigeur. | Chasseur | Carabinier. | Voltigeur. |

1838.   28 AOÛT 1839.   1840.—1845.   27 AVRIL 1860.

| Compagnie modèle. | | Chasseur. | Carabinier. | Chasseur. | Officier. |

R. Humbert.

CHASSEURS A PIED ET INFANTERIE LÉGÈRE.

1867. 1872. 1872, Officier. 1885, Officier. 1895, Officier. Chasseurs alpins.

Casque d'infanterie légère.
1793.

Shako d'infanterie légère.
1800.

Carabinier.
1795.

Retroussis, 1821.
Chasseur et voltigeur.

Retroussis, 1821. Carabinier.

Retroussis, 1822. Carabinier.

Casque d'infanterie légère.
1793.

Shako d'infanterie légère.
1800.

Bonnet de police.
(République).

Chasseur d'infanterie
légère. 1845.

Chasseur à pied. 1844.
(Carabinier).

Retroussis et habit (basques).
Chasseurs et voltigeur. 1822.

COLLETS D'HABITS.

Tambour-major et
musicien d'infanterie
légère.

Chef de musique.

Infanterie légère.

ÉPAULETTES ET CONTRE-ÉPAULETTES D'INFANTERIE LÉGÈRE.

Tambour-major.
Parement) 1845.

1822.

1827.

1845.

1852.

Chef de musique.

Musicien.

Chef de musique.
(Parement) 1845.

R. Thombert.

CHASSEURS A PIED ET INFANTERIE LÉGÈRE.

Voltigeur d'infanterie
légère. 1825.

Shako
de
chasseurs à pied.
1845.

Infanterie légère.
Carabinier.
1813.

Shako de
chasseurs à pied.
1845.

Légions légères.
1819.

Bouton.
Infanterie légère.
1845.

Collet de chasseurs
à pied. 1845.

Bouton.
Chasseurs à pied.
1845.

Collet de
chasseurs à pied.
Sergent-clairon. 1845.

Bouton.
Chasseurs à pied 1885.

Haussecol.
Infanterie légère.
1812.

Derrière de tunique. 1845.
de troupe (fronces).   d'officier

PAREMENTS. 1845.

Parement et
pose de galon.
(Chasseurs alpins).
1892.

Giberne des
chasseurs à pied.
1845.

Chasseurs à pied
et infanterie légère.

Sergent-clairon.

Caporal.
Chasseur à pied
et infanterie légère.

Giberne des
chasseurs à pied.
1845.

Voltigeur, infanterie légère.
1807.

Plaque de ceinturon
d'officier de chasseurs
à pied. 1845.

Infanterie légère.
1811.

R. crambert.

61

Pl. 56.

INFANTERIE ET CHASSEURS.

FANIONS.

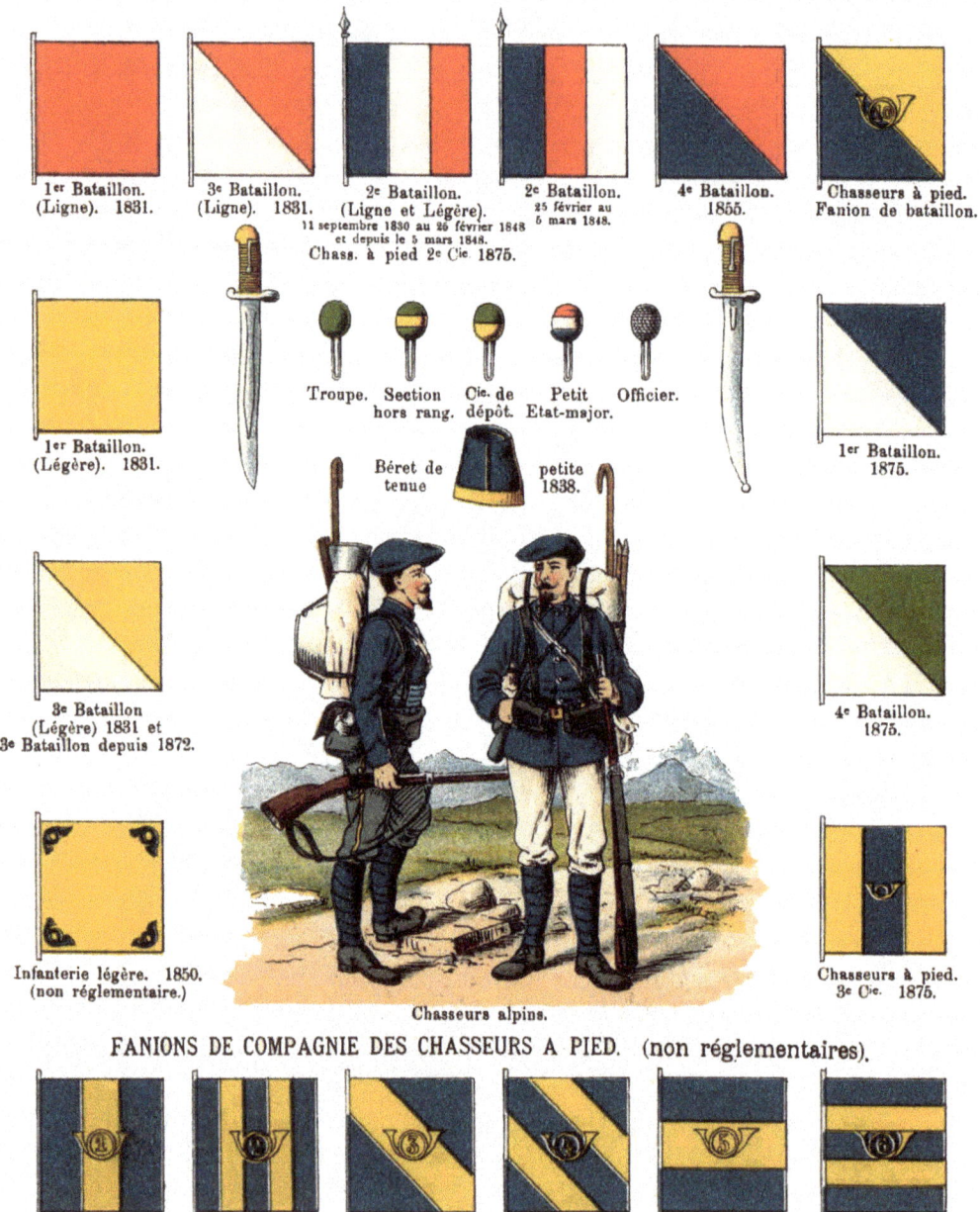

1er Bataillon.
(Ligne). 1831.

3e Bataillon.
(Ligne). 1831.

2e Bataillon.
(Ligne et Légère).
11 septembre 1830 au 25 février 1848
et depuis le 5 mars 1848.
Chass. à pied 2e Cie. 1875.

2e Bataillon.
25 février au
5 mars 1848.

4e Bataillon.
1855.

Chasseurs à pied.
Fanion de bataillon.

Troupe.   Section   Cie. de   Petit   Officier.
           hors rang. dépôt.   Etat-major.

Béret de   petite
tenue   1838.

1er Bataillon.
(Légère). 1831.

1er Bataillon.
1875.

3e Bataillon
(Légère) 1831 et
3e Bataillon depuis 1872.

4e Bataillon.
1875.

Infanterie légère. 1850.
(non réglementaire.)

Chasseurs alpins.

Chasseurs à pied.
3e Cie. 1875.

FANIONS DE COMPAGNIE DES CHASSEURS A PIED. (non réglementaires).

1ère Cie.
(1ère Cie. 1875.)

2e Cie.

3e Cie.

4e Cie.

5e Cie.
(4e Cie. 1875.)

6e Cie.

R. Humbert.

Pl. 57.

TROUPES D'AFRIQUE.

ZOUAVES.

1830.

Officier.

Soldat.

1833.

Soldat.

1852—1853.

Officier.
Petite tenue.

1er Rég.

2e Rég.

3e Rég.

1870. 4e Rég.

1841. Tirailleurs.
Officier.

1885. Officier.

1841. Tirailleur.

Zouaves.

Zouave. 1831.   Officier supérieur. 1843.   Officier. 1885.

1846—1847. Officier.

TIRAILLEURS ALGÉRIENS.

1853.

Bataillon d'Alger
et de Tittery.

Id. Bataillon bis.

Bataillon d'Oran,
Mostaganem et Mascara.

Id. Bataillon bis.

Bataillon de
Constantine et de Bône.

Id. Bataillon bis.

63

TROUPES D'AFRIQUE.

TIRAILLEURS ALGÉRIENS.

Officier.
Petite tenue.
1855.

1er Rég. 1855.

2e Rég. 1855.

3e Rég. 1855.

4e Rég. 1884.

Officier. 1887.

Chasseurs algériens.
1831.

Chasseur algérien. 1831.
1er Rég.

Chasseur
algérien. 1831.
2e Rég.

Chasseur
algérien. 1832.
3e Rég.

Chasseur
algérien. 1839.
4e Rég.

Chasseurs
d'Afrique
1859.

Tirailleur algérien
1er rég. 1889.
Tenue de campagne.

Tirailleur.
1839—41.

Chasseur
algérien
1831.

Chasseur algérien.
Officier.

CHASSEURS D'AFRIQUE.

1er Rég.

2e Rég.

3e Rég.

4e Rég.

2 Avril 1853.

7 Mai 1862.

31 Décembre 1847.

R. Humbert.

64

TROUPES D'AFRIQUE.

CHASSEURS D'AFRIQUE.   ## SPAHIS.

   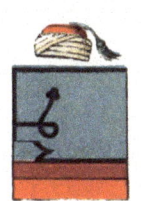  

1879.   Tenue de campagne.   Officier. 1879.   Officier arabe.   Spahis, attaché aux   Officier français.
         1879.   Chasseurs d'Afrique.   1841.

SPAHIS.

Officier français.   Officier français.   1er Rég.   2e Rég.   3e Rég.   Officier indigène.
Petite tenue.   21 Juillet 1845.   Officiers indigènes et troupe.   1859.
1841.   21 Juillet 1845.

SPAHIS.

Maître-ouvrier.   4e Rég. 1886.   Officier. 1886.   Trompette 1845.   Trompette 1886.   Trompette 1886.
1886.

SPAHIS.   ### LÉGION ÉTRANGÈRE.

Compagnies mixtes. 1881.   1831.   1845.   1ère Légion. 1855.   2e Légion. 1855.
Fantasin.   Cavalier.

LÉGION ÉTRANGÈRE.   ### INFANTERIE LÉGÈRE D'AFRIQUE.

Tirailleurs. 1855—56.   1860.   1867—68.   1872.   1845.   1855.

R. Humbert.

TROUPES D'AFRIQUE.
INFANTERIE LÉGÈRE D'AFRIQUE.

1860.   1867—68.   S Soldat. 1872 — 79. Officier.   Officier. 1883.   Officier. 1893.

Boutons.
Chasseurs d'Afrique.

Tirailleurs algériens.
Officier. 1848.

Bouton
d'officier français des
Tirailleurs algériens.

Bouton.
Inf. légère d'Afrique.
1844.

Bouton.
Légion étrangère.
1831.

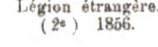
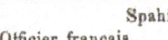

Bouton.
Inf. légère d'Afrique.
1890.

Légion étrangère.   Spahis.
(2ᵉ) 1856.   Officier français.   Officier arabe.

Bouton.
Légion étrangère.
1890.

SPAHIS SÉNÉGALAIS.   ## LÉGION ÉTRANGÈRE.

Fanion des
Tirailleurs algériens.

1899.   Officier
1893.   Officier (Dolman.)

Fanion des
Spahis sénégalais.

R. Humbert.

TROUPES D'AFRIQUE.

Epaulette des
Chasseurs algériens.

Petit
tambour.

Gros
tambour.

Tambour long. Flûte arabe.

Col et cravate
des officiers
indigènes.

INSTRUMENTS DE MUSIQUE ARABES DES TIRAILLEURS ALGÉRIENS.

Collet de trompette
de Chasseurs d'Afrique.

Soulier arabe.
(Baboudja.)

Collet de chef de fanfare.
(Chasseurs d'Afrique.)

Casquette des
Chasseurs d'Afrique.
1842.

Officier des
Chasseurs algériens.

Pose des galons de tambours, clairons, musiciens chez les
Zouaves, Tirailleurs, Spahis.
(Collet et parements.)

Casquette des
Chasseurs d'Afrique.
1847.

Trompette des
Chasseurs algériens.

Turban et serre-tête
des soldats mahométans.

Ornement de collet
des officiers
de la Légion étrangère.

Turban
des soldats
français.

Casquette des
Chasseurs d'Afrique.
1879.

Chasseurs algériens.
Troupe.

Spencer (jusqu'en 1877.)

Collets des officiers de Spahis.
Dolman.

Tunique.

Chéchia d'officier.
(jusqu'en 1868.)

Casque des
Spahis sénégalais.

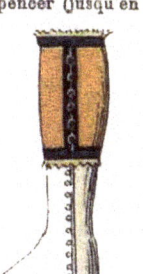

Manche réglementaire.
avec agrafes.
Zouaves et Tirailleurs.

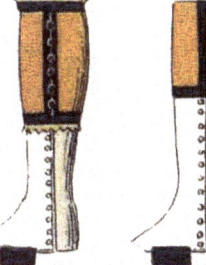

Guêtres des Zouaves et Tirailleurs
avec molletières avec molletières à boutons. de fantaisie.
à passents. à agrafes. (Drap ou toile.)

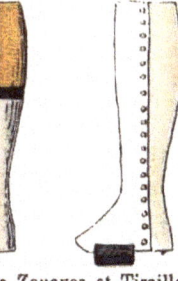

Manche de fantaisie
à boutons.

TROUPES D'AFRIQUE.

INSIGNES DES ADJUDANTS DES SPAHIS.

Indigènes.
Sur la veste turque   depuis 1870.
avant 1870.

Sur le spencer
jusqu'en 1872.

Dolman.

Français.
Tunique.

Petite tenue.

Spahis
sénégalais.

Chass. d'Afrique.
Dolman d'officier.
1847.

Tirailleurs algériens.
Tunique d'officier, grande tenue.

Infanterie légère d'Afrique.   Spahis sénégalais.
Officier. 1833.   Maréchal des logis.   Cavalier.

Chasseurs d'Afrique.
Dolman d'officier.
1847.

Tirailleurs algériens.
Tunique d'officier, petite tenue.

Tirailleurs algériens.
Veste des officiers indigènes.

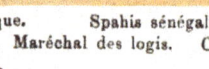

Tirailleurs algér.
Veste des
officiers indigènes.

Tirailleurs algériens.
Gilet dit sédia des
officiers indigènes.

Gilet de Spahis sénégalais.

Etrier des
Spahis sénégalais.

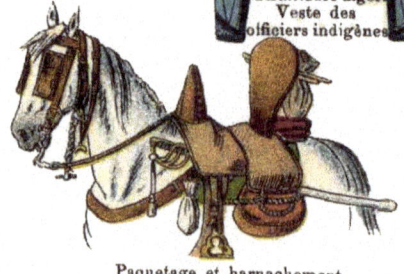

Paquetage et harnachement
des Spahis sénégalais.

Dr. Lienhart et R. Humbert.

APPENDIX

THE FRENCH ARMY IN 1832

IN THE ART
OF VICTOR ADAM

Line infantry: Grenadier, voltigeur and fusilier. Below infantry officers

Light infantry: sapper, drum major and musicians. Below National Guard

Line infantry: Zouave regiment. Below General of Division

Major staff of National Guard. Below Engineer troops

National Guard. Below Light Infantry

Army commander. Below Health army service

Train of equipage. Below: Sapper and Pompiers of Paris

Foot artillery. Below Line artillery troops

Chasseurs at horse. Below: Chasseur, officer and trumpet

lancers regiment Below horse dragoons

Standardbearer of cuirassier, Below cuirassier troopers

Regiment of dragoons, Below Gendarmerie at horse

Carabiniers regiment

Lancers regiment

Hussar officers. Below: Dragon officer

Marines infantry. Below: Paris Municipal Guard

Gendarmerie at foot. Below: Veteran and invalid soldiers

SOLDIERS, WEAPONS & UNIFORMS ALREADY PUBLISHED
(SOME TITLES)

IMPERIAL SOLDIERS & UNIFORMS 1640-1860
IN THE ART OF FRANZ GERASCH
LUCA S.CRISTINI
Plates by FRANZ GERASCH

SWU-GEN-001

UNIFORMS OF FRENCH ARMIES 1750-1870 VOL.1
IN THE ART OF JOB
LUCA STEFANO CRISTINI
Plates by JOB

SWU-GEN-002

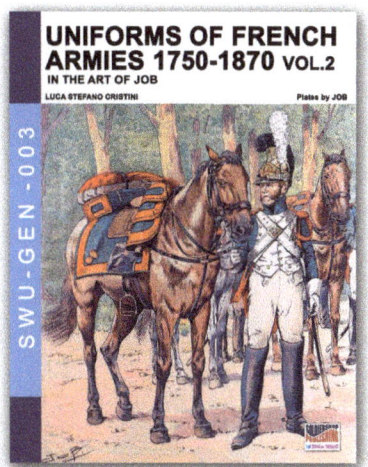

UNIFORMS OF FRENCH ARMIES 1750-1870 VOL.2
IN THE ART OF JOB
LUCA STEFANO CRISTINI
Plates by JOB

SWU-GEN-003

UNIFORMS OF FRENCH ARMIES 1750-1870 VOL.3
IN THE ART OF JOB
LUCA STEFANO CRISTINI
Plates by JOB

SWU-GEN-004

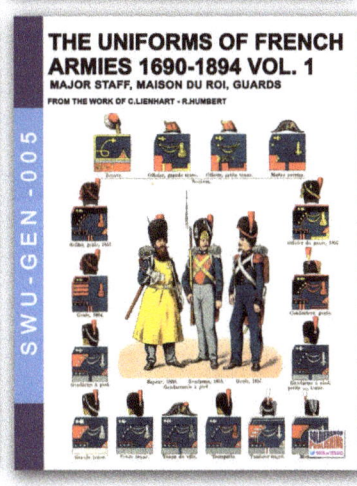

THE UNIFORMS OF FRENCH ARMIES 1690-1894 VOL. 1
MAJOR STAFF, MAISON DU ROI, GUARDS
FROM THE WORK OF C.LIENHART - R.HUMBERT

SWU-GEN-005

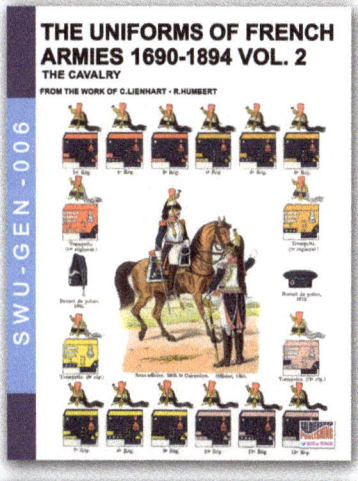

THE UNIFORMS OF FRENCH ARMIES 1690-1894 VOL. 2
THE CAVALRY
FROM THE WORK OF C.LIENHART - R.HUMBERT

SWU-GEN-006

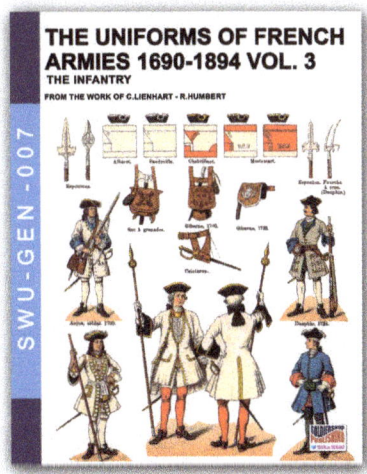

THE UNIFORMS OF FRENCH ARMIES 1690-1894 VOL. 3
THE INFANTRY
FROM THE WORK OF C.LIENHART - R.HUMBERT

SWU-GEN-007

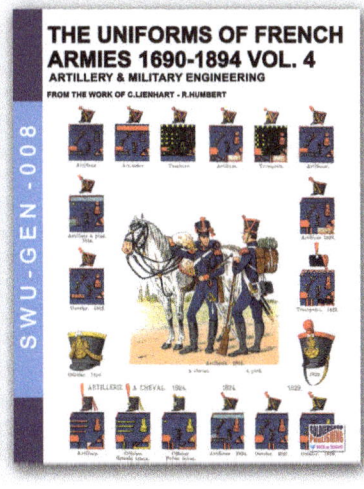

THE UNIFORMS OF FRENCH ARMIES 1690-1894 VOL. 4
ARTILLERY & MILITARY ENGINEERING
FROM THE WORK OF C.LIENHART - R.HUMBERT

SWU-GEN-008

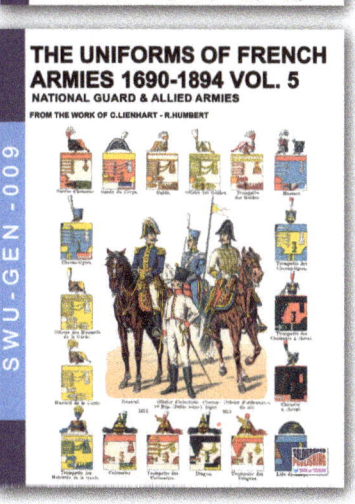

THE UNIFORMS OF FRENCH ARMIES 1690-1894 VOL. 5
NATIONAL GUARD & ALLIED ARMIES
FROM THE WORK OF C.LIENHART - R.HUMBERT

SWU-GEN-009